Kieslinger, Emilie

180 Conditorei-Rezepte

Kieslinger, Emilie

180 Conditorei-Rezepte

ISBN: 978-3-86195-275-6
Erscheinungsjahr: 2010
Erscheinungsort: Bremen, Deutschland

Salzwasser-Verlag (www.salzwasserverlag.de) ist ein Imprint der Europäischer Hochschulverlag GmbH & Co KG, Fahrenheitstr. 1, 28359 Bremen. Alle Rechte beim Verlag und bei den jeweiligen Lizenzgebern.

Bei diesem Titel handelt es sich um den Nachdruck eines historischen, lange vergriffenen Buches aus dem Jahr 1897 (München). Da elektronische Druckvorlagen für diese Titel nicht existieren, musste auf alte Vorlagen zurückgegriffen werden. Hieraus zwangsläufig resultierende Qualitätsverluste bitten wir zu entschuldigen.

Einhundertachtzig
Haus-Conditorei-Rezepte.

Von

Emilie Kieslinger,

Verfasserin der „Einsiedekunst" etc.

München 1897.
Verlag Seitz & Schauer.

Inhaltsverzeichniß.

Drittes Kapitel.

Mandel- und Nuß-Bäckereien, Macronen ꝛc.

Viertes Kapitel.

Verschiedene Marzipanmassen für kleines Backwerk, Kuchen xc.

Fünftes Kapitel.

Der Blätter- oder Butterteig in seiner verschiedenen Berwendung.

Sechstes Kapitel.

Berschiedene Füllungen für Backwerke.

Crêmen zum Füllen von Backwerk.

Siebentes Kapitel.

Brand- oder hohle Bäckereien.

Zehntes Kapitel.

Glasuren für Torten und Backwerk.

Elftes Kapitel.

Hefenbäckerei, Kuchen, Stollen ꝛc.

Erstes Kapitel.

Brösel- oder mürbe Teigmassen für Kuchen, kleines Backwerk etc.

1. Guter mürber Teig für Kuchen und Bäckereien.

250 Gramm gute Butter, 250 Gramm feiner Staubzucker, 500 Gramm Mehl, 3 ganze Eier werden zu einer geschmeidigen Masse rasch ineinander gemacht, eine Messerspitze Ammonium, welches erst fein zerdrückt wurde, wird gut darunter gearbeitet, der Teig 1 1/2 Centimeter dick ausgerollt, beliebige Formen davon ausgestochen, auf leicht beschmierte Backbleche gesetzt, mit Eiweiß, Eigelb oder Glasur überstrichen, mit Zucker, Mandelstreifchen, Nonpareilles ꝛc. die Bäckerei bestreut und bei guter Hitze strohgelb gebacken.

Bemerkung. Alle mürben Teigbäckereien müssen noch warm mit Beihilfe eines dünnen, flachen Messers vom Backblech gelöst werden. Sollte das Gebäck aber aus irgend einem Versehen auf dem Backbleche kalt geworden sein, so mache man das Blech rasch warm, wodurch man das Gebackene ohne Bruch leicht ablösen kann.

2. Englische, mürbe Teigmasse.

500 Gramm feines Mehl, 125 Gramm durchgesiebter, gestoßener Zucker, 125 Gramm gestoßene Mandeln, 1 Eidotter, 9 hartgekochte, durch ein Sieb gestrichene Eidotter, 330 Gramm süße Butter in kleine Stückchen geschnitten, sowie ein halbes Glas Weißwein werden zu einem Teig angemacht, ausgerollt, Figuren oder Plätzchen davon ausgestochen, oder man dressirt mit der freien Hand aus dünngerollten Teigsträhnchen beliebige Formen, Kränzchen, Paragraphe, Bretzeln, Ringe, Zöpfchen ꝛc.

1

3. Andere mürbe Teigmasse für Backwerk und Kuchen.

500 Gramm Mehl, 125 Gramm Zucker, 125 Gramm süße Butter, 2 Eier, das Gelb einer halben Citrone, oder statt Citrone etwas Vanillegeschmack, werden zu einem Teig angemacht und in beliebiger Art verwendet.

4. Sehr feiner mürber Teig mit Mandeln.

500 Gramm feines gesiebtes Mehl, 500 Gramm gut ausgewaschene Butter, 250 Gramm Staubzucker, ein kleines Ei, 200 Gramm mit Eidotter verrührte, geriebene, weiße Mandeln werden zu einer glatten Masse angemacht, die man nach Belieben verwendet.

5. Mürbe Teigmasse für gefülltes Backwerk.

220 Gramm Mehl, 125 Gramm zerpflückte Butter, ein ganz kleines Ei oder einen großen Eidotter, 70 Gramm Zucker. Aus diesem wird ein glatter Teig angemacht, den man einige Zeit ruhen läßt, sodann sticht man aus dem ausgewalkten Teig mit einem Ausstecher, Trinkglas oder runden Blechbüchsendeckel, den man erst in Mehl taucht, runde Törtchen, Plätzchen ꝛc. aus, legt auf die eine Hälfte der Teigblätter mit einem Theelöffel etwas Marmelade oder sonstiges eingekochtes Obst, bedeckt mit einem zweiten Teigblatt die Törtchen, kneipt die Teigenden fest aneinander, setzt die Bäckereien auf Backbleche, bestreicht sie mit verklopftem Eigelb, streut nach Belieben Mandelstiftchen, Hagel- oder gefärbten Grobzucker darauf und bäckt die Sachen strohgelb bei guter Ofenhitze.

6. Mürbe Teigmasse mit Gewürz für kleine Bäckereien ꝛc.

300 Gramm Mehl, 100 Gramm Zucker (gestoßen), 160 Gramm in Stückchen geschnittene Butter, 1 Gramm Zimmtpulver, ½ Gramm Nelken gestoßen wird mit ½ Ei zu einer Masse gemacht, daraus beliebiges Gebäck geformt, die noch warmen Stücke werden des schöneren Aussehens wegen mit einer Zuckerglasur leicht überzogen, wonach man sie im Wärmerohr abtrocknen läßt.

7. Mürbe Teigmasse mit Citronen-, Vanille- oder Cardamomen-, Ingwer- ꝛc.-Geschmack.

Von den früheren angegebenen Teigmassen Nr. 1 bis 6 kann jeder etwas von den oben genannten Gewürzen beigegeben werden, wonach die Bäckereiſtücke ihren Namen ſodann erhalten, als Vanille=Ringe, Citronen=Bretzeln, Cardamomen=Kränzchen, Sterne ꝛc.

8. Mürbe Teigmaſſe mit Chocoladezuſatz.

Wünſcht man die Bäckereien mit Chocoladegeſchmack, ſo wird feingeriebene, käufliche Chocolade dem Zucker beigeſetzt, dafür vom Zucker etwas weniger im Gewichte genommen, z. B. 200 Gramm Butter, 150 Gramm Zucker, 30 Gramm geriebene Chocolade, 1 Ei, 1 Dotter, 400 Gramm feines Mehl. Im Uebrigen wird der Teig wie jeder andere angemacht, daraus Figuren ausgeſtochen oder frei mit der Hand dreſſirt, bei guter Ofenhitze gebacken; noch warm überzieht man Chocoladebäckereien mit Zuckerglaſur von weißer oder roſa Farbe.

9. Mürbe Figuren, Sterne ꝛc. für den Chriſtbaum.

Man mache einen mürben Teig nach Nr. 1, walle dieſen kleinfingerdick aus, ſteche daraus beliebige Formen, ſetze dieſe auf Backbleche und beſtreiche ſie mit verklopftem Eigelb, einen Theil der Stücke beſtreue man, ſobald ſie mit Eigelb beſtrichen ſind, mit grobem weißen oder gefärbten Zucker oder mit grobgewiegten Mandeln oder andere mit färbigem Streuzucker. Die Teigabfälle knete man wieder zum Knollen, rolle daraus kleinfingerdicke Strähne, aus denen man Bretzeln, geſchlungene Kränzchen, Flachsreiſel ꝛc. formt, auf weitere kalte Backbleche ſetzt, mit Eigelb beſtreicht und goldgelb bei guter nicht übermäßiger Hitze bäckt.

10. Plätzchen für den Chriſtbaum und Deſſerttiſch.

140 Gramm Zucker, 2 kleine Eier, 140 Gramm Mehl und der Saft einer halben Citrone wird gut abgerührt, ein Backblech gleichmäßig mit Fett oder Wachs beſtrichen, darauf ſetzt man mit einem Löffel kleine, runde Hügelchen, drückt in deren Mitte je eine halbe Mandel oder eine ungekochte Kirſche, ſtellt das Back= blech eine Stunde kühl und bäckt ſodann die Plätzchen. Je zwei ſolcher Plätzchen werden mit Goldfaden oder färbiger Wolle an der Bodenſeite zuſammengebunden, ſodann mit feinem Blumen= draht am Baum befeſtigt.

11. Rheinische Speculaci.

370 Gramm gesiebtes feines Mehl, 200 Gramm Staubzucker, 120 Gramm Butter, 1 Ei, ein mittlerer Kochlöffel voll dicken, sauren Rahm, ein Theelöffel voll Zimmtpulver und eine Messerspitze Ammonium (Hirschhornsalz zerdrückt) wird zu einem glatten Teig rasch angemacht, der Teig 1 Centimeter dick ausgerollt, daraus Sterne, Blumen, Thiere ꝛc. ausgestochen, auf geschmierte Bleche gesetzt und bei mittlerer Ofenhitze gebacken.

12. Mürbe Zuckerkränzchen.

230 Gramm gut ausgewaschene Butter wird mit 250 Gramm gesiebtem Staubzucker, 4 Eiern und zwei Dottern mit der Schneeruthe schaumig geschlagen, etwas Vanille oder sonstiges feines Gewürz dazugegeben, sodann nach und nach 740 Gramm feines Mehl dareingesiebt, daruntergerührt, die dicke Masse auf einen bemehlten Backtisch oder ein Nudelbrett gegeben, noch etwas abgearbeitet, sodann der Teig längere Zeit kalt gestellt. Ist der Teig steif genug, so formt man daraus kleine glatte, runde oder geschlungene Kränzchen, setzt diese auf gut vorbereitete, leicht bestaubte Backbleche und bäckt die Kränzchen langsam lichtgelb.

13. Zimmtsterne, Rosen ꝛc.

450 Gramm feiner Staubzucker wird nebst dem Gelb von einer halben Citrone in eine Schüssel gebracht, von 5 Eiern schlägt man das Weiße zu steifem Schnee, rührt den Eierschnee langsam nacheinander unter den Zucker, bis Alles eine glatte, dicke Masse bildet, in welche man sodann 220 Gramm abgewischte, mit der Schale geriebene oder feingewiegte Mandeln streut; nun fügt man der Masse noch einen Kaffeelöffel Zimmtpulver bei, rührt es gut darein, hebt die dicke Teigmasse auf einen gut bemehlten Backtisch, rollt sie mit etwas Mehl bestaubt zweimesserrückendick aus, sticht mit einem Blechstern, den man erst in Mehl getaucht, Sterne davon aus, überzieht diese mit Zuckerglasur und bäckt die Sterne auf mit weißem Wachs bestrichenen Backblechen bei mäßiger Wärme.

14. Zimmtsterne auf andere Art.

Ein einfacher mürber Teig wird mit Zimmt und etwas pulverisirtem Nelkengewürz nebst etwas fein geschnittenem Citronen

gelb vermischt, der Teig ausgerollt, Sterne ausgestochen, auf Backbleche gesetzt und mit verklopftem Ei bestrichen.

15. Gewürzstückchen, Zimmtringlein 2c.

250 Gramm ungeschälte Mandeln werden mit einem Tuche
fest abgerieben, sodann feingestoßen, 250 Gramm feingesiebter
Staubzucker dareingegeben, ein Kaffeelöffel voll Zimmtpulver,
etwas Citronengelb und 2—4 Eidotter, je nach deren Größe,
daruntergerührt, bis das Ganze eine compacte Masse ist, die man
auf einem bemehlten Brett ausrollt; sodann sticht man beliebige
Formen davon aus, setzt diese auf mit Wachs bestrichene Backbleche, bestreicht sie mit Eigelb, bestreut sie mit Grob=(Hagel=)
Zucker, Mandelstiftchen 2c. und bäckt sie bei mäßiger Hitze.

16. Muscat-Bäckereien.

150 Gramm feines Mehl, 75 Gramm Butter, 75 Gramm
Zucker und von 4 Stück hartgesottenen Eiern werden die Dotter,
durch ein Sieb gestrichen, dem Butter und Zucker beigemischt, ein
halber Theelöffel voll feinpulverisirte Muscatblüthe, wird rasch zu
einem geschmeidigen Teig angemacht, der Teig sodann eine Stunde
lang zwischen Tüchern kalt gelegt, damit er fest wird. Nach dieser
Zeit rollt oder formt man den Teig in beliebige Formen, als
Herzen, Ringe, Figuren 2c., legt sie auf ein Backblech, läßt sie, ehe
sie gebacken werden, noch eine halbe Stunde trocknen und erst dann
bäckt man dieselben, ziert sie nach Belieben mit feiner Frucht=Mar-
melade oder Zuckerschaum 2c.

17. Cardamomen-Confect.

Der Teig wird wie bei Nr. 16 behandelt, nur nimmt man
statt Muscat, Cardamomen-Gewürz, bestreut die eben ausgestochenen
Stücke mit feingeschnittenen Mandeln, trocknet die Bäckerei und bäckt
sie sodann.

18. Gesundheits- oder Natronringe.

500 Gramm bestes Weizenmehl wird in eine Schüssel gesiebt,
125 Gramm frische Butter läßt man zerschleichen, doch nicht heiß
werden, nimmt davon den Schaum ab, rührt die Butter kühl,
nebst 250 Gramm feinem Staubzucker unter das Mehl, sodann gibt

man nach und nach 2 ganze feſt abgeſprudelte Eier und einen halben
Eßlöffel Citronen-Eſſenz darein und rührt den Teig 20 Minuten
lang nach einer Seite. Inzwiſchen löſt man eine Meſſerſpitze voll
doppeltkohlenſaures Natron in wenig lauer Milch auf, miſcht es
raſch in den Abtrieb, füllt den Teig in eine Stranitze (Düte) aus
ſteifem Papier, ſchneidet von der Düte die unterſte Spitze ab und
dreſſirt kleine Ringe auf ein leicht beſtrichenes Backblech. Man
beeile ſich bei der ganzen Arbeit ſehr, denn die Maſſe muß ſofort,
nachdem das Natron beigemiſcht, in's Rohr kommen, wo man ſie
15—20 Minuten bei gleichmäßiger Hitze bäckt.

19. Portugieſer-Backwerk.

250 Gramm feingeſiebtes Mehl, 125 Gramm Staubzucker,
100 Gramm ſüße Butter und von 4 Eiern die Dotter werden
möglichſt raſch zu einem Teig angemacht, der in Papier oder eine
Serviette gewickelt 25—30 Minuten kalt ſtehen muß. Sodann
macht man aus dem Teig verſchiedene Formen, beſtreicht dieſe mit
Eigelb, ſtreut nach Belieben farbigen Grobzucker darauf und bäckt
ſie bei gleichmäßiger Hitze ſtrohgelb.

20. Mürbe Mandellaibchen.

Der Teig hiezu wird nach Nr. 1 gemacht, mit einem Wein-
glas ſticht man aus dem 1—1½ Centimeter dick ausgerollten Teig
runde Scheiben aus, ſetzt dieſe auf ein Backblech, beſtreicht ſie mit
verklopftem Ei und drückt in die Mitte eines jeden Laibchens eine
halbe geſchälte, der Länge nach geſpaltene Mandel und bäckt dieſe
Laibchen in gut warmem Rohre goldgelb.

Zweites Kapitel.

Bisquit und Bisquit-Bäckereien.

21. Vorbemerkung.

Die Bisquitbäckereien gehören zu den beliebtesten Weihnachts-
und Dessertbäckereien, da sie leicht verdaulich und ziemlich lange
haltbar sind. Die Bisquitmassen werden meistens aus Zucker,
Eiern und wenig Mehl bereitet. Da der Eierschnee, der steif sein
soll, von großer Wichtigkeit bei Herstellung von Bisquits ist, so
nehme man nach Möglichkeit frische Eier zur Bereitung dieser
Masse. Es gibt zwei Arten von Bisquitmasse, eine schwere oder
harte und eine leichte Bisquitmasse.

22. Gewöhnliche Bisquitmasse für Torten, Dessertstücke c.

10 Eidotter werden mit 375 Gramm Staubzucker eine halbe
Stunde nach einer Seite gerührt, von dem Weiß der 10 Eier
wird ein steifer Schnee geschlagen, den man mit 375 Gramm
feinem Weizen- oder Kartoffelmehl (das Mehl wird langsam eingesiebt) darunter mischt, das heißt langsam einzieht, nicht rührt.
Die Masse wird in einer mit Butter ausgestrichenen, mit Mehl
leicht bestaubten Form bei mäßigem Feuer eine Stunde gebacken
(die Dotter werden nacheinander langsam in den Zucker eingerührt
und zwar bis er schaumig ist).

23. Geschlagene Bisquitmasse.

8 Eiweiß werden zu steifem Schnee geschlagen und die 8 Eidotter langsam mit der Schneeruthe unter den Schnee gemischt,

sodann siebt man 150 Gramm feinsten Staubzucker langsam darein, zieht ihn unter den Eierschnee, ebenso siebt man nacheinander 150 Gramm feines Mehl (Puder, Stärkemehl) darein, füllt die Masse in eine mit Butter ausgestrichene, mit Mehl und Zucker ausgestaubte Form und bäckt das Bisquit bei mäßiger Hitze.

24. Warmgeschlagene Bisquitmasse.

175 Gramm feiner Staubzucker wird in ein Schneebecken oder in eine Schüssel gesiebt, 6 ganze Eier darein geschlagen und mit der Schneeruthe auf Dunst (lauem Wasser) ungefähr ½ Stunde nach einer Seite geschlagen, bis die Masse dicklich wie Chaudeau ist, sodann nimmt man das Becken vom Feuer, schlägt die Masse nun wieder, bis sie kühl wird. 120 Gramm gute Butter läßt man zerschleichen, und seiht sie lauwarm durch einen Seiher in die geschlagene Masse, rührt sie darein, sowie 140 Gramm gesiebtes Stärkemehl (Weizenpuder); man mischt die Masse leicht und bäckt das Bisquit eine halbe Stunde bei mäßiger Hitze. Dieses vorzügliche Bisquit ist eine der zartesten Arten und eignet sich für Torten, Tafelstücke und zu feinem Dessertgebäck. Man schneidet das Bisquit in beliebige Formen als Würfel, Blätter ꝛc., füllt diese, setzt sie zusammen und glasirt sie mit beliebiger Glasur.

25. Bisquitmasse für Biskoten, Kinderbisquit, Weinbisquit.

210 Gramm feingestoßener Zucker wird gesiebt, 4 ganze Eier und 3 Dotter nacheinander dazugerührt, bis die Masse etwas schaumig ist, das Gelb einer Citrone dareingerührt, sodann nach und nach siebt man 210 Gramm feines Mehl in die Masse, rührt sie am besten mit der Schneeruthe ½ Stunde nach einer Seite, gießt die Masse in eine steife Papierdüte oder in einen Trikter und dressirt die Biskoten in einiger Entfernung auf weißes Papier, bestreut sie mit feinem Staubzucker, schüttelt den übrigen Zucker vom Papier und bäckt sie in heißer Röhre semmelfarbig. Die Biskoten werden noch warm mit einem flachen Messer vom Papier gelöst oder man läßt sie darauf erkalten, benetzt mit einem feuchten Schwamm die Rückseite des Papiers, worauf die Biskoten sich leicht loslösen lassen; man läßt sie sodann wieder trocknen.

26. Feine harte Weinbisquits.

Von 5 sehr frischen Eiern wird das Weiße abgelassen und zu steifem Schnee geschlagen, 300 Gramm fein gestoßener Staubzucker langsam darein gesiebt, 3 Eidotter abgerührt, dann in den Zuckerschnee eingezogen, nach diesem 280 Gramm feines Mehl in die Masse eingesiebt, mit der Schneeruthe in die Masse gerührt und Bisquits daraus geformt.

27. Gewöhnliche Bisquits.

7 Eiweiß steifer Schnee, 300 Gramm feingestoßener Zucker, 7 abgerührte Eidotter, 300 Gramm feines Mehl. Die Behandlungsweise ist ganz wie die des vorhergegangenen harten Bisquits.

28. Bisquit-Küchlein (Plätzchen).

560 Gramm Staubzucker werden nebst drei ganzen Eiern und 3 Eidottern in ein Schneebecken gegeben und mit der Schneeruthe dicklich schaumig geschlagen, sodann in die Masse 560 Gramm feines Mehl dareingesiebt, mit der Masse gut vermengt, ein Backblech mit Wachs bestrichen, darauf mit einem Eßlöffel kleine Plätzchen, Küchlein, gegossen, die man in mäßig heißem Rohr gar bäckt. Mit einem dünnen, flachen Messer hebt man die fertige Bäckerei vom Blech.

29. Bisquit-Dütchen.

Vier Eierdotter werden mit 200 Gramm feingestoßenem Zucker schaumig gerührt, etwas feingeriebenes Citronengelb dazugemischt, der Schnee von den Eiern wird zu steifem Schnee geschlagen und mit 140 Gramm feingesiebtem Mehl abwechselnd in die Masse eingezogen. Das Backblech wird mit Wachs oder Butter bestrichen, in letzterem Falle noch mit Mehl bestaubt, die Masse wird ein halb Centimeter dick mit dem Eßlöffel in einiger Entfernung auf das Blech gegossen. Die runden Teigplätzchen werden mit Nonpareille, Hagel oder färbigem Geschmackszucker, auch grobgewiegten Mandeln bestreut und im Rohr leicht gebacken, noch warm mit einem flachen Messer vom Backblech genommen und rasch über ein kegelförmiges Holz zu Dütchen gedreht.

Bemerkung. Diese Teigmasse kann auch glatt auf das ganze Backblech gestrichen werden und man kann aus dem warmen Teigblatt beliebige Formen ausstechen.

30. Gefüllte Bisquit-Sternchen, -Ringe, -Figuren 2c.

Von der vorhergehenden Teigmasse (siehe Nr. 29) wird ein Teigblatt von 1 Centimeter Dicke auf ein mit Butter bestrichenes Backblech gleichmäßig aufgetragen und licht gebacken: noch warm werden beliebige Formen ausgestochen. Je zwei gleiche Figuren, Sterne 2c. werden dünn mit Fruchtmarmelade, z. B. Aprikosen, Hagebutten 2c., bestrichen, zusammengesetzt und leicht mit Zuckerglasur überzogen; man läßt das gute, hübsche Backwerk in der warmen Röhre gar trocknen.

31. Dressirtes Bisquit-Backwerk.

280 Gramm Staubzucker werden nebst 4 Eiern (ganze) recht schaumig abgerührt, 130 Gramm feines Mehl in den Abtrieb nacheinander eingesiebt, dann wird etwas Citronengelb dareingegeben, die Masse in eine Spritze, Papierdüte 2c. gefüllt, worauf aus dieser von der Masse beliebige Formen, als Ringe, Herzen, Buchstaben, Figuren u. s. w. auf mit Wachs gewichte Backbleche oder mit Butter bestrichene Bleche aufdressirt werden: sodann stellt man die belegten Backbleche in eine laue Ofenröhre, damit die Bäckerei etwas abtrocknet, was man erkennt, wenn die Oberfläche derselben eine leichte Kruste (Haut) hat, wodurch das Backwerk weniger gerinnt und ein schöneres Aussehen bewahrt. Nach dem Trocknen erst bäckt man die Stücke lichtgelb. Des schöneren Aussehens wegen kann man vor dem Trocknen die Bisquitstücke mit färbigem Streuzucker, Grobzucker, Anis 2c. bestreuen.

32. Ingwer-Bisquit.

Man mache dieselbe Masse, wie in der vorigen Nummer angegeben, und setze der Teigmasse als Würze etwas feingepulverten Ingwer zu.

33. Chocolade-Bisquit-Bäckereien.

6 Eiweiß werden zu steifem Schnee geschlagen, 120 Gramm Staubzucker und 30 Gramm feingeriebene Chocolade darein-

gerührt, sowie 80 Gramm feingesiebtes Mehl, etwas Zimmt=
pulver oder Vanille. Die Masse wird gut verrührt, in eine
Spritze, Trichter oder Cartondüte eingefüllt, aus welcher be=
liebige Formen, als Plätzchen, Ringe, Stangerl, Schlingen, auf
mit Wachs bestrichene Backbleche dressirt werden, die man dann
im Trockenrohr (Wärmeröhre) abtrocknet und sonach bäckt.

34. Vanille- oder Anisplätzchen (Laibchen).

Die Masse ist dieselbe wie bei Nr. 31. Die Art des Ge=
schmackes, welchen man der Bäckereimasse beibringt, gibt ihr so=
dann den Namen. Man setzt kleine Häufchen von der Teigmasse
auf das Blech und bäckt sie nach Angabe.

35. Patience-Bäckereien.

Von 8 Eiweiß wird ein steifer Schnee geschlagen, darein
werden 100 Gramm feingestoßener Staubzucker gemischt. Weitere
130 Gramm Staubzucker mischt man unter 140 Gramm Mehl,
das erst gesiebt wurde und rührt sodann dieses mit Zucker ver=
mischte Mehl nacheinander in den Eierschnee. Inzwischen läßt
man auf einem Teller im Rohr 70 Gramm Chocolade erweichen,
verrührt diese, bis sie flüssig ist, mit kaltem geläuterten (gesponnenen)
Zucker, setzt die aufgelöste Chocolade der Teigmasse zu, vermischt
alles sehr gut, füllt die Masse in eine Spritze, in deren Er=
manglung in eine steife Papierdüte, dressirt beliebige Formen, als
Figuren, Ziffern, Kränzchen c., auf mit Wachs oder Fett be=
strichene, mit Mehl bestaubte Backbleche, läßt die Bäckerei 1 Stunde
trocknen und bäckt sie bei mäßiger Hitze.

36. Bisquit-Torte.

Sechs Eigelb werden mit 100 Gramm Zucker schaumig ge=
rührt, etwas Citronengelb dareingerieben, von den 6 Eiern das
Weiße zu steifem Schnee geschlagen, der Schnee langsam in das
Abgerührte eingezogen und abwechselnd dazwischen 100 Gramm
feines Mehl nacheinander dareingesiebt; die Masse wird in eine
mit Butter bestrichene, mit Zuckermehl ausgestaubte Tortenform,
am besten in eine Springform eingefüllt, bei mäßiger Hitze lang=
sam gar, das ist trocken gebacken. Man nimmt die fertige Torte
aus der Form, läßt sie erkalten, theilt sie in zwei Blätter, von

denen das untere mit Fruchtmarmelade bestrichen wird, setzt die
beiden Blätter wieder übereinander, überzieht die Torte mit beliebiger Glasur (siehe Glasuren), verziert sie oben noch mit eingekochten Früchten oder Zuckerblumen, Bonbons 2c.

37. Punsch-Torte.

150 Gramm feingestoßener Zucker werden mit 9 Eigelb
schaumig gerührt, 9 Eiweiß zu steifem Schnee geschlagen und
75 Gramm feines Mehl werden mit 75 Gramm Puder oder
Stärkemehl vermischt; 75 Gramm Butter läßt man zerschleichen
und seiht sie in den Abtrieb, zieht den Schnee darein, siebt nach
und nach das gemischte Mehl darauf, füllt die Masse in eine vorbereitete Tortenform und bäckt sie wie die vorige langsam fertig.
Nach dem Erkalten wird die Torte in zwei Blätter geschnitten,
der untere Theil mit Punschessenz betropft, etwas Aprikosenmark
(eingekochtes) wird mit wenig Rum abgerührt, das Bodenblatt der
Torte damit bestrichen, der zweite Theil aufgesetzt und die Torte
mit Arac oder Punschglasur überzogen.

38. Kleine Bisquit-Törtchen.

Werden solche gemacht, so nimmt man dieselbe Masse wie
zur Bisquit-Torte, füllt kleine, ausgestrichene Förmchen mit Masse
halb voll, bäckt die Törtchen und überzieht sie mit verschieden-
farbiger Glasur.

39. Bisquit-Roulade (Rollbisquit).

140 Gramm feiner Staubzucker wird mit 6 ganzen Eiern
schaumig dick mit der Schneeruthe geschlagen, langsam 70 Gramm
feines Mehl dareingesiebt. Ein Backblech wird mit weißem Schreibpapier ausgelegt, das Papier mit zerlassener Butter bestrichen
und darauf die Bisquitmasse 1—1½ Centimeter dick gleichmäßig aufgetragen. Man gibt das Blech in eine gut heiße Röhre und bäckt
das Bisquit rasch semmelgelb. (Es ist gut, das Backblech früher
vorzubereiten.) Inzwischen hält man verrührte Fruchtmarmelade
oder Saft bereit, bestreicht die gebackene Teigmasse gleichmäßig
dick und rollt das Bisquit strudelartig zusammen, stellt es in's
Rohr zum Abtrocknen, glasirt die Roulade oder besiebt sie mit Zucker
und schneidet sie erst vollkommen kalt in schiefe, kleinfingerdicke
Blätter.

40. Anis-Brod (Bisquit).

Vier Eidotter werden mit 140 Gramm feinem Staubzucker schaumig gerührt oder mit der Schneeruthe dick geschlagen, etwas Citronengelb dareingerieben, 1 Eßlöffel süßer (ausgesuchter) runder Anis dareingemischt, 190 Gramm feines Mehl wird eingesiebt, dazwischen der steife Schnee von 2 Eiweiß mit eingezogen; die Masse wird in einer mit Butter bestrichenen Blechform (länglich) oder in einer Papierkapsel bei guter Hitze semmelgelb gebacken.

41. Bisquit oder Anis-Zwieback.

Man bäckt eine Scharte Anisbrod, wie oben angegeben, läßt sie über Nacht erkalten, schneidet sie dann in 1 Centimeter dicke Streifen, die man auf dem Backblech im mäßig warmen Rohr trocken bäht.

42. Bischofs-Brod.

Sechs Eier werden mit 250 Gramm feingestoßenem Zucker und dem feinabgeriebenen Gelb von 1½ Citronen schaumig dick nach einer Seite gerührt, nach und nach mischt man unter die Masse 150 Gramm feingeschnittene geschälte Mandeln, 125 Gramm ausgesuchte reine Sultaninen, ebenso viel Corinthen, siebt 200 Gramm feines Mehl in die Masse, füllt sie in eine mit Butter gut ausgestrichene lange Form, die man vorher noch mit Zuckermehl ausstaubt, und bäckt das Bischofsbrod etwa 30—45 Minuten im heißen Rohr.

43. Blitz-Kuchen.

90 Gramm feingestoßener Zucker werden mit 70 Gramm süßer Butter recht schaumig gerührt, darein nach und nach 5 Eidotter gemischt, 250 Gramm Mehl abwechselnd eingesiebt, von einer halben Citrone der Saft eingerührt, sowie das feingewiegte Gelb, der Schnee von 6 Eiweiß in die Masse leicht eingezogen und 35 Gramm gereinigte, trockene Weinbeeren darunter gemischt; die Masse kommt in eine gut mit Butter ausgestrichene, mit Zucker bestreute, runde Kuchenform mit hohem Rand, wird mit feingeschnittenen, geschälten Mandeln und grobgeklopftem, weißem Candiszucker bestreut und 45 Minuten langsam im heißen Rohr gebacken.

44. Citronen-Kuchen.

Zu 270 Gramm feingestoßenem Zucker werden nacheinander 8 Eidotter schaumig gerührt; dann wird der Saft von einer ganzen Citrone nach und nach eingeträufelt, das feingewiegte Gelb derselben mit eingerührt, und hierauf werden 120 Gramm feingestiftelte, abgezogene Mandeln darunter gemischt; das Weiße von 8 Eiern wird zu steifem Schnee geschlagen und mit 120 Gramm Stärkemehl (Puder) unter die Masse leicht gemengt, die Teigmasse in eine geschmierte, mit Zuckermehl ausgestreute Backform eingefüllt und bei mäßiger Ofenhitze gar gebacken.

45. Mandel-Brod.

Die Masse ist dieselbe wie Biskoten Nr. 25 und 27; man füllt sie in eine mit Butter ausgestrichene Backform oder in eine mit Butter beschmierte Papierkapsel, gibt oben auf die Masse geschälte, feingeschnittene Mandelstreifchen und Grob-(Hagel-)Zucker, und bäckt sie lichtgelb. Das Mandelbrod kann sowohl frisch oder auch gebäht in Stückchen als Mandelzwieback verwendet werden.

46. Brod-Bisquit oder Brod-Torte, -Schnitten ꝛc.

105 Gramm feingewiegte Mandeln, 180 Gramm feiner Staubzucker und 8 Eidotter werden schaumig abgerührt, 70 Gramm mit Rothwein oder Rum angefeuchtete schwarze Brodbröfel dareingerührt, 5 Gramm Zimmtpulver, 2 Gramm pulverisirte Gewürznelken, das Gelb von einem Viertel Citrone, etwas Orangengelb und der steife Schnee von den 8 Eiern werden in die Masse gemischt; die Masse wird in eine mit Butter ausgeschmierte, mit Bröfeln ausgestreute Form gefüllt und sehr langsam im Rohr gebacken, etwa eine Stunde. Ist die Torte oder die Bisquitscharte erkaltet, so kann sie mit Himbeer-, Hagebuttenconfiture ꝛc. gefüllt werden. Eine Torte kann man auch mit Chocolade- oder Arac-Glasur überziehen und man schneidet von dem Bisquit auch Schnitten, die man mit beliebiger Geschmacksglasur überzieht.

47. Brodtorte mit Chocolade.

370 Gramm feingepulverter Staubzucker werden mit 10 Eidottern mit der Schneeruthe schaumig geschlagen, 120 Gramm feingewiegte süße Mandeln, worunter auch einige bittere sein

können, hinzugerührt, ein Eßlöffel Zimmtpulver, ein schwacher Kaffeelöffel voll gestoßene Nelken und 85 Gramm geriebene Chocolade, 175 Gramm gebähtes, geriebenes Schwarzbrod, etwas Arac wird gut eingemengt, dann der Schnee von den 10 Eiern steif geschlagen, in die Masse eingezogen, diese in eine vorbereitete Torten- oder Zwiebackform gefüllt, ca. 1¼ Stunden langsam im Rohr gebacken, gestürzt, erkaltet mit Chocoladeglasur überzogen oder man bestreicht die gebackene Masse obenauf mit Hetschebetsch-marmelade und überzieht sie mit Aracglasur.

48. Große Sand-Masse für Torten, Schnitten ꝛc.

½ Kilo süße Butter, ½ Kilo feingestoßener Zucker wird ¾ Stunden schaumig gerührt, mit nach und nach 30 Eidottern, das Weiße zu steifen Schnee geschlagen und in den Abtrieb gemischt. Die Masse wird dünn auf gut geschmierte, mit Zuckermehl bestreute Backbleche mit Rand gleichmäßig aufgetragen und semmelgelb langsam gebacken; nach dem Backen werden die Teigblätter mit Fruchtmarmelade bestrichen, übereinander gelegt, beliebig glasirt, in Schnitten, Dreiecke ꝛc. geschnitten oder man sticht mit Ausstechformen beliebige Figuren aus, überzieht sie mit Glasur oder Windmasse und läßt sie im Rohr abtrocknen. Sollen von der Masse Torten hergestellt werden, so muß dieselbe etwa 4 Centimeter hoch in zwei Tortenreifen gebacken werden.

Bemerkung. Dieses Recept ist vielfach praktisch erprobt. Es ist aber selbstverständlich, daß man bei kleinerem Bedarf nur die Hälfte oder ein Drittel der oben angegebenen Quantitäten braucht. Die Masse muß, nachdem sie gebacken wurde, vollkommen kalt sein, ehe sie geschnitten wird, da sie sonst specig wird.

49. Deutscher Weihnachts-Kuchen.

150 Gramm süße Butter wird mit 160 Gramm Mehl, wovon die Hälfte Stärkemehl sein soll, gut schaumig abgetrieben; inzwischen wird von zweiter Hand in ein Schneebecken 150 Gramm feiner Staubzucker mit 12 Eidottern und 2 Eiweiß über Dunst schaumig, dick wie Chaudeau geschlagen; ist die Masse dicklich, so nimmt man sie vom Dunst und schlägt sie seitwärts vom Ofen wieder kalt, mischt sie in kleinen Partien zum ersten Abtrieb, bis Alles gut miteinander vermischt ist; gibt nach beliebigem Geschmack Orange, Citrone oder Vanille darein, bestreicht eine hübsche, hohe Blechform gut mit weicher Butter, streut sie mit feingestifelten,

geschälten Mandeln aus, streut noch Zuckermehl darüber, füllt die Masse ein und bäckt sie langsam semmelgelb. Statt einer zierlichen Blechform, läßt sich eine gutverzinnte Gugelhupfform oder eine Springform für Torten verwenden.

50. Schrott- oder Kneipp-Bisquit.

Fünf Eidotter werden mit feinem Staubzucker im Gewichte von 5 Eiern, etwas Citronengelb und einem halben Täfelchen geriebener Chocolade im Schneebecken schaumig dick geschlagen, hierauf wird Schrotmehl im Gewichte von 5 Eiern dareingemischt und der Schnee von den 5 Eiern darunter gemengt. Eine Backform wird mit Fett ausgestrichen, mit Schrotmehl oder Semmelbröseln ausgestreut, die Masse eingefüllt, langsam gebacken, nach dem Erkalten nach Belieben gefüllt oder mit heißem Wein übergossen servirt.

51. Anderes Schrott-Bisquit.

140 Gramm Zucker, 4 ganze Eier, etwas Citronengelb, ein Theelöffel Zimmtpulver und ein Gläschen Arac werden schaumig mit der Schneeruthe gerührt und 140 Gramm Schrotmehl dazugemischt; die Masse wird in eine vorbereitete Backform eingefüllt und langsam gebacken, mit Fruchtmarmelade oben bestrichen, dann mit weißer Zuckerglasur überzogen.

Drittes Kapitel

Mandel- und Nuß-Bäckereien, Macronen etc.

52. Mandelbackwerk (Vorbemerkung).

Die Mandelbäckereien gehören zu den beliebtesten Conditorei-produkten, da sie von besonderem Wohlgeschmack sind; ihnen reihen sich die aus Nüssen 2c. hergestellten an. Damit aber das Backwerk gut sei, kaufe man nur gute Mandeln, frische Nüsse und die sonstigen Ingredienzien von bester Sorte. Werden geschälte Mandeln verwendet, so geschieht dies in folgender Weise: Man gibt das bestimmte Quantum Mandeln in eine Schüssel oder eine Casserole, übergießt es mit kochendem Wasser und läßt es, mit diesem zu-gedeckt, einige Minuten abstehen, worauf sich die Schalen leicht loslösen. Zum Stoßen und Reiben von Mandeln und Nüssen nehme man eine kleine Zugabe von Wasser, Ei oder Rosenwasser, wodurch das Oeligwerden vermieden wird. Es gibt kalt an-gearbeitete und warmgeschlagene Mandelmassen.

53. Mandel-Häufchen.

6 Eiweiß werden zu Schnee geschlagen, mit ½ Kilo ge-stoßenem gesiebten Zucker gut schaumig abgerührt und mit ½ Kilo geschälten, in feine Streischen geschnittenen, süßen Mandeln ver-mengt: dann setzt man nußgroße Häufchen von dieser Masse auf Oblaten und bäckt sie bei mäßiger Ofenhitze.

54. Mandel-Stranitzen.

250 Gramm süße und darunter 6—8 Stück bittere Mandeln werden abgezogen, in feine Streischen geschnitten und auf einem Blech im Rohr etwas abgetrocknet, dann in den steifen Schnee von 5 Eiweiß gut eingemengt nebst 250 Gramm feingesiebtem Staub- zucker und dem abgeriebenen Gelb einer ganzen Citrone. Zum Schlusse fügt man noch 70 Gramm feines Mehl der Masse bei, vermengt Alles gut, arbeitet den Teig gleichmäßig dick aus, schneidet davon Streischen von 10—12 Centimeter Länge und 3—4 Centi- meter Breite und gibt diese auf ein leicht mit Butter bestrichenes Backblech, bäckt sie rasch lichtbraun, schneidet sie noch warm vom Backblech und biegt sie schnell über ein kegelförmiges Holz. Die Stranitzen können nach Belieben für den Tisch gefüllt werden.

55. Mandel-Plätzchen mit Chocolade.

Drei Eiweiß werden zu steifem Schnee geschlagen und mit 125 Gramm geschälten, feingestoßenen süßen Mandeln, 63 Gramm geriebener Chocolade, einer guten Messerspitze Zimmtpulver, etwas gestoßenem Nelkengewürz und 35 Gramm feingewiegtem Citronat gut verrührt; mit einem Löffel oder einer Spachtel setzt man kleine Plätzchen auf ein mit Wachs bestrichenes Backblech und bäckt diese in mäßig heißem Rohr gar.

56. Mandel-Lebkuchen.

500 Gramm geschälte, getrocknete Mandeln werden mit Ei- weiß im Mörser feingerieben, 1 Kilogramm Zucker dazugegeben und so viel Eiweiß, bis es eine dickgerührte Masse ist; die Masse wird kleinfingerdünn auf große Oblaten gleichmäßig aufgestrichen und nachdem man die Oblaten beliebig in 4—6 Theile wieder zerschnitten hat, wird jeder Lebkuchen an den Seitenrändern schön glatt gestrichen und nach Belieben in die Mitte eines jeden Kuchens ein Stückchen feingeschnittenes Citronat aufgelegt, worauf die Leb- kuchen in mäßig heißem Rohr auf Backblechen semmelgelb gebacken werden. Als Würze kann man der Teigmasse Citronengelb oder Vanillegeschmack zusetzen.

57. Mandel-Bisquit.

80 Gramm Mandeln werden abgezogen, fein gerieben oder mit Eiweiß schaumig, breiartig gestoßen, noch etwas Eiweiß zu-

gesetzt und nebst 80 Gramm feingestoßenem Zucker zu einer dicklichen Masse gerührt; 5 Eiweiß werden außerdem zu steifem Schnee
geschlagen, 45 Gramm Staubzucker dareingemengt und 15 Gramm
Pudermehl dareingesiebt und mit der vorigen Masse gut vermischt: die Masse wird in eine Spritze, Cartonbüte ꝛc. gefüllt
und auf ein mit Wachs bestrichenes Backblech werden von der
Masse Ringe, Herzchen, Achter, Biskoten, Stangerln, S-Figuren ꝛc.
dressirt, mit Grobzucker bestreut, im heißen Rohr gebacken, oder
man setzt die Bisquitstücke auf weißes Papier, bäckt sie semmelgelb,
ohne sie zu bestreuen, und überzieht sie, fertig gebacken, mit einer
Zuckerglasur.

58. Gefüllte Mandelkränzchen.

Die Masse hiezu wird nach dem vorigen Recept hergestellt.
Auf weißes Papier werden in einiger Entfernung mittelgroße
Ringe aufdressirt: die eine Hälfte der Ringe wird mit grob-
gehackten Mandeln überstreut, die andere Hälfte glatt gelassen;
dann werden die Bisquits gebacken. Nach dem Backen werden die
glatten Kränzchen mit dünner Marmelade von Hagebutten, Aprikosen ꝛc. überstrichen, die anderen mit Mandeln bestreuten Kränzchen
werden je eines auf ein mit Fülle bestrichenes aufgesetzt.

59. Mandelstangerln mit Windmasse.

Man macht eine Masse, wie in Nr. 57 angegeben, setzt auf
Papier fingerlange Streifen Bisquitmasse mittelst Messer und
Spachtel oder Spritze, bäckt die Stangerln in mäßig heißem Rohr
und spritzt, nachdem sie erkaltet, gefärbte Windmasse darauf. (Siehe
Windmasse Nr. 102). Sodann läßt man die Stangerln im Rohr
noch abtrocknen.

60. Macronen von Mandeln.

Ein halbes Kilogramm süße Mandeln werden gebrüht, geschält, sehr fein geschnitten und im Ofen auf Papier getrocknet.
3—4 Eiweiß werden schaumig zu Schnee geschlagen, ½ Kilogramm feingestoßener Zucker und die getrockneten Mandeln mit
in den Eierschnee eingerührt, schaumig abgetrieben; mit einem
Messer werden kleine oder größere Plätzchen auf Oblaten in einiger
Entfernung aufgetragen und bei mäßiger Wärme in gut geschlossenem
Rohr gebacken.

61. Macronen-Masse für glatte Macronen und diverse Macronen-Bäckereien.

Die Mandeln hiezu werden gebrüht, geschält, in der Röhre getrocknet, dann mit etwas Eiweiß, damit sie nicht ölig werden, zu einem dicken Brei gestoßen. ½ Kilogramm geriebene oder gestoßene Mandeln werden mit Schnee von 3—4 Eiweiß und 500 bis 800 Gramm Zucker, etwas Gelb von einer Citrone zu einem dicklichen Brei vermischt und gerührt (die Zuckerbeigabe richtet sich nach dem Eiweiß, nimmt das Weiß mehr Zucker an, so gebe man davon nach, bis die Masse dicklich und geschmeidig ist); man staubt in die Masse noch einen Eßlöffel Pudermehl ein, mischt es gut darunter und formt davon beliebig große oder kleine Macronen, setzt diese auf Papier oder Backoblaten und bäckt sie wie die obigen lichtbraun.

62. Macronen-Ringe, -Figuren ꝛc.

Die Masse Nr. 61 wird in eine Rohrspritze eingefüllt, dann werden beliebige Dessins auf weißes Papier dressirt, diese mit Grobzucker, weiß und färbig, oder mit Früchten verziert, gestreut und wie die anderen gebacken.

63. Macronen gefüllt und glacirt.

Von der Macronenmasse Nr. 61 werden längliche, ovale oder runde, größere Macronen auf Papier oder Backoblaten aufgesetzt, in der Höhe von 1—1½ Centimeter gleichmäßig auseinander gedrückt, in Mitte einer jeden Macrone wird mit einem Theelöffelstiel oder kleinen, langen, runden Hölzchen eine Rinne in den Macronenteig eingedrückt, die Rinne mit Fruchtmarmelade gefüllt, dann werden die Macronen mit Aracglasur überzogen und im gut geschlossenen Rohr lichtbraun gebacken.

64. Vanille-, Citronen- oder Gewürz-Macronen.

Man bereitet eine Macronenmasse (siehe Nr. 61), setzt, je nach dem Geschmack, wie man die Macronen liebt, Citronensaft und -Gelb oder Vanille der Masse bei, für Gewürzmacronen auf etwa 1 Kilogramm Masse 6 Gramm Zimmtpulver, 1—1½ Gramm Gewürznelken nebst dem feingeriebenen Gelb einer Citrone. Die

Gewürze werden gut in die Masse eingemischt, mit einem Messer oder Löffel wallnußgroße Häufchen auf ein Papier gesetzt und diese lichtbraun gebacken; nach dem Backen können sie auch noch nach Belieben glacirt werden.

65. Chocolade-Macronen.

Ein halbes Kilogramm geschälte, getrocknete Mandeln werden mit Eiweiß gestoßen, 3—4 Eiweiß noch hinzugerührt, nebst 630 Gramm Zucker und 300 Gramm feingeriebener Chocolade, etwas Vanille und dem Schnee von weiteren 4 Eiweiß; hat die Masse die nöthige Consistenz, so werden davon Macronen in beliebiger Größe auf Papier geformt und diese wie alle vorhergegangenen gebacken. Ist die Masse zu weich, so setze man noch etwas Staubzucker bei, wo nicht, so wird sie durch einen kleinen Zusatz von Eiweiß dünner gemacht. Die Macronenmasse muß immer sehr gut abgerührt werden. Man kann die Masse auch mittelst einer Spritze zu dressirten Bäckereien verwenden.

Bemerkung. Das Ablösen der Macronen geschieht durch Befeuchten der Papierrückseite mittelst eines feuchten Schwammes, worauf sich die Bäckereien leicht vom Papier lösen.

66. Mandelbögen, warm geschlagene Masse.

350 Gramm geschälte, getrocknete, feingeschnittene Mandeln werden in den festabgerührten Zuckerschnee von 6 Eiweiß und 350 Gramm Staubzucker über gelindem Feuer eingerührt, am besten in einem Messingbecken; sobald die Masse dick wird, wird etwas Citronensaft dareingerührt und das Ganze vom Feuer genommen, wenn es warm ist (nicht heiß). Nun werden große Backoblaten mit der Macronenmasse rasch ½ Centimeter dick bestrichen, mit einem scharfen Messer schneidet man handlange, drei- bis vierfingerbreite Streifen, legt die bestrichenen Streifen auf gewölbte Bogenformen oder über ein dickes rundes Holz und bäckt sie; oder dieselben werden auf Backblechen gebacken und dann erst rund gebogen, doch muß diese Arbeit rasch gemacht werden, solange die Macronen=Streifen noch heiß sind, da sie sonst brechen würden.

67. Mandelbögen oder -Stangen, glacirt.

Man rührt eine Macronenmasse aus 200 Gramm Zucker, 200 Gramm trockenen, gewiegten oder geschnittenen, süßen Mandeln und dem nöthigen Eiweiß, etwas feingewiegtem Citronat auf gelindem Feuer warm, siebt in die Masse 20 Gramm feines Mehl ein, vermischt es gut damit, streicht die noch warme Masse auf Backoblaten, schneidet davon handlange 3—4 fingerbreite Streifen, die man über warme Bogenformen legt oder als Stangen auf Backblechen in mäßig heißem Rohr lichtgelbbraun bäckt. Nach dem Backen werden sie mit beliebiger Glasur noch überzogen, dann läßt man sie in der Röhre abtrocknen.

68. Macronen-Torte.

200 Gramm geschälte, getrocknete Mandeln werden mit Eiweiß fein gerieben oder gestoßen, 200 Gramm Zucker und der Schnee von 5 Eiweiß dazugefügt, sowie etwas feingeriebenes Citronengelb; das Ganze wird auf mäßigem Feuer warmgerührt (geröstet) und nachdem die Masse vom Feuer genommen wurde, werden 30 Gramm Mehl in die Masse eingesiebt und gut damit abgerührt. Die noch laue Masse wird auf zwei große runde Backoblaten aufgetragen und zwar in folgender Weise: die eine runde Oblate wird für den Boden bestimmt und mit der Macronenmasse 1 Centimeter hoch bestrichen (ganz). Das zweite Oblatenblatt erhält ein Dessin von der Masse. Man füllt die Masse in ein Spritzenrohr und dressirt auf das Blatt einen Rand um die Oblate, in die Mitte aber macht man eine hübsche Arabeske von der Teigmasse. Die beiden Teigblätter werden im Rohr lichtbraun gebacken, der Bodentheil mit Confiture bestrichen und das durchbrochene Arabeskenblatt darüber gelegt. Den Umfangsrand der Torte aber bekränzt man mit kleinen Macronen, die mittelst aufgelöstem Zucker befestigt werden. Die Torte ist nicht allein hübsch, sondern auch sehr wohlschmeckend.

69. Mandel-Busserln.

140 Gramm geschälte und gestoßene süße Mandeln röstet man mit etwas darunter gemischtem Zucker bei mäßiger Gluth, mengt den steifen Schnee von 3—4 Eiweiß, 140 Gramm Staubzucker und Vanillegeschmack hinzu, legt die Masse auf ein mit Mehl bestaubtes Nudelbrett, drückt sie mit dem Nudelwalker dünn aus-

einander, sticht mit einem kleinen runden Ausstecher kleine Kreise
davon aus, bäckt sie in mäßig warmem, gut verschlossenem Rohr
und überzieht sie dann mit beliebiger Glasur.

70. Mandel-Sterne.

375 Gramm feiner Staubzucker wird mit dem Schnee von
3 Eiweiß und dem Saft einer halben Citrone schaumig dick gerührt,
davon ein wenig Abtrieb in eine Tasse bei Seite gestellt; in den
anderen Teil des Zuckerabtriebes gibt man 375 Gramm geschälte,
gestoßene Mandeln und einen Eßlöffel voll Zimmtpulver, mengt
die Masse gut ineinander und hebt sie auf ein mit reichlich
Zucker und Mehl bestreutes Brett, rollt sie aus, sticht mit einem
Ausstecher Sterne aus und bäckt diese. Nach dem Backen werden
die Sterne mit dem reservirten Zuckerschaum bestrichen, worauf
man sie im Rohr abtrocknen läßt.

71. Ballet-Schnitten.

Von 100 Gramm Butter, 100 Gramm Zucker, 1 Ei und
1 Dotter nebst 200 Gramm feinem Mehl wird ein mürber Teig
gemacht und dieser einen Centimeter dick ausgerollt. 100 Gramm
Butter, 150 Gramm Zucker werden mit 5 Eidottern dann gut ab=
gerührt (erst Butter mit den Dottern): dazu werden nach und nach
105 Gramm Mandeln, die geschält, getrocknet und gerieben wurden,
etwas Zimmt, sowie das Gelb und der Saft von ½ Citrone ein=
gerührt. Der Abtrieb wird auf den mürben Teigboden aufgestrichen,
Staubzucker darüber gestreut und im Rohr gebacken; warm noch
wird der Teig glacirt, mit einem scharfen Messer in zwei Finger
breite, 12 Centimeter lange Schnitten geschnitten, die von vorzüg=
licher Güte sind.

72. Damen-Schnitten.

125 Gramm ungeschälte Mandeln werden durchsucht, mit
einem Tuche fest abgerieben, dann fein gewiegt oder gestoßen.
125 Gramm Staubzucker, 125 Gramm süße Butter, 125 Gramm
feines Mehl, 2 Eigelb und die gewiegten Mandeln werden rasch
zu einem Teig angemacht, 1 Centimeter dick die Teigmasse aus=
gerollt; der ausgerollte Teig wird dann gleichmäßig mit Eiweiß=
Glasur oder Vanille=Glasur überstrichen, dann werden davon

hübsche, schräge oder beliebig geformte Schnitten geschnitten, auf Backbleche gesetzt und bei guter Hitze lichtgelb gebacken. (Vanille= Glasur hiezu siehe Nr. 129.)

73. Pariser Thee-Schnitten, -Ringe rc.

200 Gramm getrocknete, geschälte Mandeln werden mit 220 Gramm Staubzucker und zwei Eiweiß im Mörser zu einem Brei gestoßen, dieser wird auf einen reichlich mit feinem Zucker über= streuten Backtisch gelegt, darauf 1 Centimeter dick, gleichmäßig ausgerollt, mit Citronenglasur sorgfältig überstrichen, worauf mit einem Messer gleich große Streifen geschnitten oder Ringe aus= gestochen, auf mit Wachs überstrichene Backbleche gesetzt und bei mäßiger Ofenwärme gebacken werden.

74. Rehrücken-Torte.

¼ Kilo feiner gestoßener Zucker wird mit 15 Eidottern 30 Minuten schaumig gerührt, ¼ Kilo ungeschälte, nur ab= geriebene Mandeln werden fein gerieben und nebst einer Hand voll Bisquit oder abgerindelten Semmelbröseln dareingerührt, dann wird das Gelb von ½ Citrone daruntergerieben, ein kleiner Eßlöffel voll Zimmtpulver, ein Theelöffelchen gestoßene Gewürz= nelken, 100 Gramm feingeriebene Chocolade oder aufgelöste Cacao= masse werden darunter gemischt und gut verrührt, endlich wird von 10 Eiweiß steifer Schnee geschlagen und sorgfältig in die Masse eingezogen. Eine Rückenform wird mit weicher Butter gut ausgestrichen, die Masse eingefüllt, 40—45 Minuten langsam ge= backen; aus der Form gestürzt wird die Torte oben mit ge= stiftelten Mandeln reichlich schön gespickt; soll sie sehr schön sein, wird sie noch mit Zuckermasse gespritzt auf zierlichem Papier auf= gelegt servirt.

75. Nuß-Lebkuchen.

500 Gramm Staubzucker werden mit 10 Eiweiß und 500 Gramm getrockneten und dann geriebenen Nüssen (Bart=, Haselnüssen) auf mäßiger Gluth unter fleißigem Umrühren warm geröstet. Die Masse wird dann 1 Centimeter dick auf Backoblaten gleichmäßig aufgestrichen, worauf man die Ränder mit einer Messerklinge glatt streicht, die Lebkuchen auf Backbleche legt und bei mäßiger Ofenhitze bäckt.

76. Haselnuß-Confect.

Von drei Eiern wird das Weiße zu Schnee geschlagen, 250 Gramm feiner Staubzucker werden mit in das Eiweiß gerührt, 125 Gramm geschälte, gestoßene Haselnüsse und 125 Gramm geschälte süße (erst getrocknete), gestoßene Mandeln in die Zuckermasse gemischt und Alles sehr gut vermengt; dann werden von der Nußmasse kleine, runde Häufchen auf ein mit weißem Wachs bestrichenes Backblech gesetzt und diese bei mäßiger Hitze goldgelb gebacken.

77. Warmgeschlagene Nuß-Masse für kleines Confect.

Acht Eiweiß werden mit 500 Gramm Staubzucker über mäßiger Gluth schaumig steif geschlagen, 70 Gramm geschälte, feingehackte Bartnüsse dareingemischt und die Masse in kleinen Häufchen auf bestrichenen Backblechen wie in der vorigen Nummer gebacken.

78. Haselnuß-Macronen.

125 Gramm Haselnußkerne, das gleiche Quantum geschälte, feingeschnittene, süße Mandeln werden mit 7 Eiweiß fein verrieben, mit 375 Gramm Zucker und der abgeriebenen Schale von einer Citrone gemischt; mit einer Holzspachtel oder einem Löffel dressirt man auf weißes Papier oder Oblaten kleine Macronen, formt diese etwas länglich, übersiebt sie mit gestoßenem Zucker, setzt sie auf Blechen in mäßig heiße Röhre und bäckt sie goldgelb.

79. Nußschifferl.

140 Gramm gute Butter, 180 Gramm feines Mehl, 70 Gramm Staubzucker, 1 Eidotter, das Gelb von einer viertel Citrone, 250 Gramm feingestoßene Haselnüsse und ein halber Theelöffel gestoßener Zimmt werden in einem Messing= oder sonstigen Schneebecken auf mäßiger Gluth zu einer schaumigen, steifen Masse geschlagen, kleine Blechförmchen werden dann gut mit weicher Butter ausgestrichen, mit Zuckermehl ausgestreut, worauf die Masse gut halbvoll eingefüllt und in mäßiger Hitze gebacken wird. (Können oben glacirt werden.)

80. Nußkränzchen, -Sterne, -Figuren ꝛc.

140 Gramm Staubzucker, 140 Gramm geröstete, gewiegte Nüsse werden mit 2 Eidottern in eine Masse angemacht, daraus, nachdem der Teig ausgerollt, beliebige Formen gestochen, die man auf Blechen gar bäckt.

81. Nußbäckereien, kleine, als Herzchen, Schleifen, Figuren, Sterne ꝛc.

300 Gramm gute Haselnüsse werden im Rohr leicht ge= röstet, geschält, dann mit Wasser, Orangenblüthenwasser ꝛc. fein gestoßen, 300 Gramm feiner Staubzucker und etwas Vanille oder Zimmtpulver in den Nußbrei eingemischt. Der Teig wird dann auf einem bemehlten Brett ausgerollt, worauf beliebige Formen ausgestochen oder mit dem Teigrädchen schmale Streifen vom Teig ausgerädelt werden, von welchen man beliebige Schleifen und Schlingen mit der Hand dressirt, die man bäckt und nach Belieben die Stücke mit Zucker bespritzt.

82. Haselnuß-Busserln.

140 Gramm Haselnüsse werden mit 140 Gramm Staub= zucker fein gestoßen, in eine Schüssel gebracht und mit 2 Eiweiß zu einer Teigmasse angerührt; von der Masse werden nußgroße Bällchen gemacht, rund gedreht, auf mit Wachs bestrichene Bleche gesetzt und im Rohr semmelgelb gebacken. (Sind sehr lange haltbar.)

83. Kleine Plätzchen von welschen Nüssen.

70 Gramm schöne, gelbe welsche Nußkerne werden mit ebenso schwerem Staubzucker feingestoßen, dazu 35 Gramm feingehackte Sultaninen nebst einem Eidotter gemischt, der Brei auf ein Brett gelegt und die Teigmasse etwa einen Centimeter dick ausgerollt; mit einem kleinen runden Ausstecher oder Liqueurglas sticht man Plätzchen daraus, setzt sie auf ein mit Wachs bestrichenes Blech, bäckt sie langsam durch, überzieht die Plätzchen mit Citronen= oder Zucker= ꝛc. =Glasur und trocknet sie in der Röhre noch ab.

84. Oedenburger Nuß-Brod.

140 Gramm Haselnußkerne werden mit etwas Orangeblüthen= wasser feingestoßen, der Nußbrei in eine Schüssel gebracht, 140

Gramm feiner Staubzucker, 6 Eidotter dazugegeben und Alles eine
halbe Stunde recht schaumig abgerührt; das Weiße der Eier wird
zu steifem Schnee geschlagen und dieser in den Abtrieb langsam
eingezogen, dazwischen aber müssen 35 Gramm Mehl (halb Puder)
eingesiebt werden. Eine mit Butter ausgestrichene Zwiebackform
wird mit der Masse gefüllt und ziemlich rasch gebacken.

85. Nußbrod auf andere Art.

150 Gramm Staubzucker, 150 Gramm geröstete, geschälte
und mit Milch feingestoßene Nüsse, 6 Eidotter und etwas Gelb
von einer halben Citrone werden mit der Schneeruthe schaumig dick-
geschlagen, dann 35 Gramm Schrotmehl oder geriebene Semmel-
brösel nebst dem steifen Schnee von 4 Eiweiß in den schaumigen
Abtrieb eingemischt. Die Masse wird in eine längliche Form eingefüllt, die gut ausgestrichen und mit Zuckermehl ausgestreut sein
muß, und 30—35 Minuten langsam im gut verschlossenen Rohr
gebacken.

86. Nuß-Schnitten.

Die oben angegebene Masse wird wie Nußbrod, nachdem sie
gebacken ist, in gleichdicke Schnitten getheilt, auf jede Schnitte
wird eine halbe ausgelöste Wallnuß oder ganze Bartnuß in die
Mitte gesetzt, und dann werden die Schnitten mit Arac-Glasur
überzogen.

87. Nuß-Schnitten, gefüllt.

Ist eine Scharte Nußbrod nach Nr. 85 gebacken, so läßt
man sie erkalten, spaltet die ganze gebackene Scharte in der Mitte
der Länge nach durch und füllt das Bodenblatt 1 Centimeter hoch
mit Nußfülle. Lichte Welsch- oder geschälte Haselnußkerne werden
mit gleichem Theil süßen Mandeln vermischt, mit etwas kalter,
süßer Milch feingestoßen, eine Messerspitze Zimmtpulver, eine Hand-
voll Brösel (am besten Brösel von Backwerk, als Biskoten ꝛc.)
nebst Zucker oder Honig in gleicher Schwere der Nüsse und
Mandeln vermischt, die Fülle wird sehr gut vermengt und nun aufgetragen. Ist das untere Teigblatt mit Fülle überstrichen, so wird
das zweite darüber gedeckt, das Ganze mit Zuckerglasur überzogen
und schöne viereckige Schnitten davon geschnitten, die man im Rohr
noch etwas (wegen der Glasur) abtrocknen läßt.

88. Nuß-Torte.

500 Gramm Staubzucker, 2 ganze Eier und 10 Eidotter, 300 Gramm feingeriebene Nüsse, halb welsche und zur Hälfte Haselnußkerne, werden mit einem großen Kochlöffel oder einer festen Schneeruthe schaumig gerührt, dann wird der Saft von einer halben Citrone darangedrückt und gut verrührt. Weitere 200 Gramm mit Milch geriebene Nußkerne werden zur Füllung bei Seite gegeben. Ist die Masse gut abgetrieben, so wird der steife Schnee von 8 Eiweiß in die Masse gehoben und gut eingezogen, dieselbe dann in eine gut geschmierte Tortenform eingefüllt und langsam gebacken. Die erkaltete Torte wird durchschnitten, die 200 Gramm geriebenen Nüsse werden mit 200 Gramm Brösel und ebenso viel Honig nebst ein wenig Zimmtpulver verrührt, bis sich die Fülle leicht streichen läßt; man trägt sie auf das Bodenblatt der Torte auf, setzt das Deckelblatt darüber, belegt die Torte im Kreise rund herum mit Nußhälften und überzieht die ganze Torte mit Zuckereis (Glasur).

89. Haselnuß-Torte.

70 Gramm Haselnüsse werden nebst 70 Gramm geschälten, süßen Mandeln mit wenig Milch fein gerieben oder gestoßen, 140 Gramm Staubzucker zu dem Nußbrei nebst 8 Eidottern ge= mischt, dies Alles wird gut verrührt, worauf man 70 Gramm feines Mehl (halb Puder) in die Masse nacheinander einsiebt und dazwischen den steifen Schnee von 8 Eiweiß in die Masse einzieht: die Torte wird in eine gut geschmierte Form eingefüllt, langsam gebacken und dann glacirt.

Bemerkung. Diese Torte kann mit Fruchtmarmelade gefüllt werden.

90. Nußtorte mit Crêmefülle.

140 Gramm ausgelöste Bartnüsse, ebensoviel Gewicht Welsch= nußkerne werden mit etwas Rosenwasser fein gestoßen, 280 Gramm Zucker, das Gelb einer halben Citrone und 12 Eidotter dazu= gemischt, das Ganze schaumig geschlagen oder eine halbe Stunde abgetrieben und 80 Gramm erweichte Cacaomasse, sowie etwas starker Kaffeeaufguß (circa 2 Eßlöffel) nebst dem weißen Schnee von 6 Eiweiß in die Masse eingerührt: Alles wird wohl ver= mischt. Die Teigmasse wird in zwei wohl vorbereiteten Formen je zur Hälfte gebacken.

Fülle: 150 Gramm Nüsse werden mit frischem Wasser zu einem feinen Brei verrieben, in einer kleinen Casserole abgedünstet und mit Zucker vermischt, so daß keine Flüssigkeit mehr sichtbar ist, dann 3 Eiweiß mit 120 Gramm Staubzucker zu steifem Schnee geschlagen, worauf der Nußbrei nebst etwas Vanille dazu gemischt wird. Die Torte, gefüllt und zusammengesetzt, wird mit Glasur überzogen. Statt der Eiweiß-Crême kann gutes Schlagobers verwendet werden; der Nußbrei wird wie bei dem anderen darunter gemischt. Diese Fülle ist noch an Feinheit hervorragender. Eine hübsche rosa oder sonst gefärbte Glasur erhöht das Ansehen der Torte.

Viertes Kapitel

Verschiedene Marzipanmassen für kleines Backwerk, Kuchen etc.

91. Vorbemerkung.

Die Marzipans, in Frankreich unter dem Namen massepain-Bäckereien bekannt, gehören eigentlich zu den aus Mandelmassen hergestellten Backwerken und fehlen fast auf keinem besseren Weihnachtstisch. Die Mandeln, die hiezu in Verwendung kommen, werden eigens sorgfältig rasch geschält, öfters mit frischem Wasser abgespült, daß sie recht weiß bleiben, und dann mit Rosenwasser, Orangenblüthenwasser ꝛc. in einem Mörser sehr fein zerrieben. Von der Feinheit der geriebenen Mandeln hängt die Güte des Marzipans ab. Die Mandelmasse wird alsdann mit Staubzucker vermischt und auf mäßiger Gluth unter fortwährendem Umrühren in einem Becken geröstet, bis sich dieselbe von den Kessel-wänden loslöst. Mit dem nöthigen Zucker vermischt, kann die Masse sofort verwendet werden. Der Geschmack des Marzipans wird durch Einkneten von Fruchtmarmelade oder durch Zusatz von aromatischem Wasser hergestellt und nach diesem Zusatze wird das Marzipan benannt, z. B. Himbeer-, Rosen-, Chocolade-, Reseda- ꝛc. -Marzipans.

92. Haus- oder Familien-Marzipan.

500—750 Gramm geschälte, sehr fein geriebene Mandeln, worunter einige bittere Mandeln sein können, werden mit Kirsch-

oder anderem aromatischen Wasser besprengt oder schon mit diesen fein gerieben, gut vermengt, 500—750 Gramm Staubzucker dazu gemischt, in einem gut verzinnten Becken über Gluth so lange geröstet, bis sich die Masse von den Kesselwänden löst, worauf die Masse abgekühlt wird. Die kalte Masse wird auf einen mit Staubzucker übersäten Backtisch gelegt, ausgerollt und dann werden daraus beliebige Thiere, Blumen, Figuren, Paragraphe, Bretzeln rc. gemacht oder sie wird in Holzformen fest eingedrückt und mit einem Teigrädchen ausgezackt: auf weißes Papier auf Backbleche gelegt, wird das Marzipan bei mäßiger Hitze lichtgelblich gebacken und kann sodann nach Belieben mit leichter Zuckerglasur verziert werden.

93. Citronen-Marzipan.

400 Gramm geschälte, abgespülte, süße und etwa 10 Stück ebenfalls abgezogene, bittere Mandeln werden mit dem Saft von nicht ganz einer halben Citrone zu einem feinen Brei gerieben, 400 Gramm feingestoßener Staubzucker und das abgeriebene Gelb von einer halben Citrone dazu gemischt, worauf die Masse nach Vorschrift geröstet und erkaltet auf Zucker ausgerollt wird; dann werden beliebige Stücke ausgestochen oder mit freier Hand dressirt, lichtgelb gebacken und nach Wunsch auch noch mit leichter Citronen-Glasur überzogen.

94. Chocolade-Marzipan.

300 Gramm feingeriebene Mandeln werden mit etwas Eiweiß gut vermischt, 300 Gramm zum Flug gekochter Zucker sodann mit 200 Gramm im Rohr erweichter Chocolade und etwas Vanille zu dem Mandelbrei gegeben, das Ganze wird gut geröstet und mit soviel Zucker noch vermischt, daß es eine dickliche Masse gibt, die, wie die vorigen Marzipans, ausgerollt, ausgestochen, mit Nonpareille oder Hagelzucker übersät, in diversen Figuren rc. gebacken wird.

95. Anis- oder Kinder-Marzipan.

170 Gramm Staubzucker werden mit vier ganzen Eiern schaumig gerührt, worauf man einen kleinen Eßlöffel voll ausgesuchten, süßen, runden Anis nebst so viel feinem Mehl einmischt, daß ein leichter Teig entsteht, der sich ausrollen läßt. Aus dieser

ausgerollten Teigmasse werden beliebige Figuren, Buchstaben, Ringe mit freier Hand dressirt oder mit dem Ausstecher ausgestochen, auf mit Wachs bestrichene Backbleche gesetzt, lichtgelb gebacken, nach Belieben glasirt und zuletzt mit Grob= oder färbigen Streuzucker besät.

96. Feines Marzipan.

350 Gramm feiner Staubzucker, 5 ganze Eier, 350 Gramm feines Mehl, 80 Gramm abgezogene, feingeschnittene, trockene Mandeln, 50 Gramm feingehacktes Citronat, 50 Gramm ebenso von Aranzini, eine Messerspitze Cardamomen und etwas Zimmt= pulver werden zu einer festen Masse angemacht und gut geknetet; der Teig wird dann kleinfingerdick über ein mit weißem Wachs bestrichenes Blech gestrichen, mit verklopftem Ei überpinselt und gebacken, sodann in beliebige Rauten, Ecken, Stangerln ꝛc. ge= schnitten, so lange er warm ist.

97. Gefülltes Marzipan.

500 Gramm mit Wasser und Orangenblüthenwasser sehr fein geriebene, süße Mandeln (geschält und abgespült) werden mit 300 Gramm feinem Staubzucker auf mäßiger Gluth fein geröstet, bis sich die Masse von den Kesselwänden löst; dieselbe wird dann ausgekühlt, auf einem Brett mit Staubzucker besiebt, sehr dünn ausgerollt, das Teigblatt in zwei Hälften geteilt, das eine Blatt mit gut verrührter Fruchtmarmelade überstrichen und das zweite Blatt aufgesetzt; dann sticht man beliebige Stücke, Sterne, Ringe, Halbmonde ꝛc. davon aus, überzieht das Marzipan mit rosa Zucker= glasur, bestreut es noch mit Grob=Zucker und bäckt es 6 bis 8 Minuten bei guter Wärme.

98. Norddeutsches Marzipan.

490 Gramm süße, geschälte, öfters abgespülte und 10 Gramm geschälte, bittere Mandeln werden abgetrocknet, dann mit Kirsch= wasser im Mörser zu einem sehr feinen Brei zerrieben, mit 500 Gramm Staubzucker vermischt und bei mäßiger Gluth ziemlich trocken geröstet; die Masse wird mit noch etwas Zucker ab= gearbeitet, bis sie sich auf einem Brett ausrollen läßt, dann werden Holzformen mit feinem Staubzucker ausgestreut, von dem Teig mit dem Teigrädchen Stücke abgetrennt, in die Formen fest

gedrückt und mit der Oberseite nach oben auf mit weißem Papier belegten Backblechen in der lauen Röhre licht getrocknet; mit Punsch-, Orange-, oder sonstiger Glasur überzogen, werden sie nochmals getrocknet.

99. Marzipan-Törtchen und -Torten.

Aus allen angegebenen Marzipanmassen können kleine und große Torten gemacht werden: Es wird ein Teig-(Boden-)Blatt 1 Centimeter dick ausgerollt, mit dem Teigrädchen ausgezackt, ein Rand ausgerädelt oder ein dünner Strang von der Teigmasse gerollt, das Bodenblatt auf ein Blech gesetzt, am Rande mit ein wenig Eiweiß genetzt, damit der Teigrand fest hält, dieser darüber gelegt, die Torte mit Eiweißglasur überzogen und licht gebacken, dann zierlich mit Fruchtgelees oder eingemachten und candirten Früchten überlegt.

100. Gefüllte Marzipan-Torte.

Man macht eine Marzipanmasse beliebiger Art, rollt diese etwa ½ Centimeter dick aus, schneidet daraus 2—3 runde Tortenblätter, und nachdem man sie in der Röhre licht gebacken (mehr getrocknet) hat, bestreicht man die unteren dünn mit Fruchtmarmelade, setzt dann das Deckelblatt darüber, schneidet von der übrigen Marzipanmasse ein hübsches Ornament aus, sowie mit dem Teigrädchen einen daumenbreiten Streifen. Dieses durchbrochene Teigblatt wird nun mit Glasur (färbig) überzogen, auf die äußere Tortenkante der vorbereitete Streifen als Rand aufgelegt, entweder glatt oder gerippt, dieser ebenfalls mit Glasur überzogen, die Torte im Rohr getrocknet und zum Schluß auf zierliches Papier gelegt.

Fünftes Kapitel

Der Blätter= oder Butterteig in seiner verschiedenen Verwendung.

––––––

101. Die Behandlung und Bereitung desselben.

Jede Teigmasse erfordert Aufmerksamkeit, soll das Backwerk der Köchin zum Lobe gereichen; in ganz besonderem Maße aber ist dies beim Butter= oder Blätterteig der Fall, weßhalb er der Köchin nicht in allen Fällen gelingt. Die Herstellung geschieht am besten an einem kühlen Orte und die Hände müssen vor der Behandlung des Teiges gut abgekühlt werden. Die Butter, die zur Verwendung gebracht wird, muß kalt, fest und gut ausgewaschen (geknetet) sein, da nasse Butter den Teig beim Aufgehen hindert.

101a. Art der Bereitung oder einfacher Butterteig für Pasteten, Kräpfchen ꝛc.

600 Gramm feinstes Mehl werden auf dem Backtisch mit einem großen Ei, einer Prise Salz, einem Stückchen Butter von der Größe einer welschen Nuß und einer Tasse kalten Wassers zu einem geschmeidigen Strudelteig gut angemacht; der Teig wird dann mit einem Tuche bedeckt und ruhen gelassen. 600 Gramm kalte Butter werden mit Mehl leicht bestaubt (ganz wenig), die Butter in ein viereckig längliches Blatt ausgerollt und auf einem Teller kalt gestellt. Inzwischen wird der Mehlteig ebenfalls länglich viereckig, gleichmäßig dick mit dem Rollholz ausgewalkt, jedoch muß das Teigblatt noch einmal so groß als das von Butter ausgerollte sein.

Der Backtisch darf nur leicht mit Mehl bestaubt sein, wie über=
haupt darauf zu achten ist, daß nicht mehr viel Mehl in den Teig
kommt. Man bringt das Butterblatt auf das Teigblatt in dessen
Mitte, schlägt den darüber hinausstehenden Teigrand in Form
eines Couverts über die ausgerollte Butter und walkt gleichmäßig
mit dem Walker darüber, bis das Teigblatt eine doppelte Größe
bekommen hat. (Der leichtzügige Teig verbindet sich durch diese
Behandlung mit der aufgelegten Butterschichte.) Der ausgerollte
Teig wird nun dreifach zusammengelegt und zwar so: Ein Drittel
wird über das zweite gelegt, der dritte Theil darüber geschlagen,
nochmals zu einem gleich großen Fleck ausgerollt, ein drittes Mal
abermals, wie zuletzt, zu einem Drittel eingeschlagen und von der
gegenüberliegenden Seite ausgerollt; wenn der Teig auf die erste
Größe gerollt ist, wird er leicht zusammengeschlagen, in ein reines
Tuch gegeben und so lange kalt gestellt, bis er fest geworden ist.
Das dreimalige Einschlagen und entgegengesetzte wiederholte Aus=
rollen bewirkt, daß der Teig beim Backen in guter Hitze in vielen,
vielen feinen Blättchen in die Höhe steigt, zart und dabei sehr
wohlschmeckend wird. Die Hitze der Röhre muß gut sein; zur
Probe besprenge man den Röhrenverschluß mit Wasser, zischt er,
so ist's gut. Will man leichtes Verbrennen der Bodenseite ver=
hüten, so gebe man schon einige Zeit vorher, ehe die Bäckereien
in's Rohr kommen, einen niederen Blechrost oder in dessen Er=
mangelung einen Bügelstahl in die Mitte der Röhre, lasse den
Rost darin gut erhitzen und stelle erst dann das Backblech mit
dem Teige darauf. Das Rohr muß gut schließen. Der ausgewalkte,
kalte Teig wird in beliebigen Formen ausgestochen, auf Backbleche
in einiger Entfernung aufgesetzt, mit Eigelb, das mit einigen
Tropfen Wasser verrührt ist, leicht auf der Oberseite bestrichen
und semmelgelb gebacken.

Bemerkung. Das Gewichtsverhältniß bei Bereitung von Butterteig ist für
Mehl und Butter dasselbe; z. B. auf 500 Gramm Mehl 500 Gramm
Butter, 1 Ei. Der Butterteig kann einige Tage, kalt gestellt, auf=
bewahrt werden, ohne an seiner Güte Einbuße zu erleiden.

102. Feiner Blätter- oder Butterteig.

500 Gramm feinstes Mehl werden auf den Backtisch gebracht.
Etwa ein Drittel des Mehles wird davon weggenommen, in das
übrige Mehl macht man ein Grübchen, schlägt ein Ei darein, gibt
eine kleine Prise Salz (zu süßem Backwerk auch eine Prise von
Staubzucker), ein Liqueurgläschen guten Rums, sowie den Saft

von einer halben Citrone, vermengt Alles gut, gibt noch ein wenig
kaltes Wasser dazu, bis die Masse so wie die eines geschmeidigen
Strudelteiges wird, arbeitet sie recht glatt ab und läßt sie leicht
bedeckt ruhen. Inzwischen wird in das bei Seite gelegte Mehl die
trockene Butter eingeschnitten und mit dem Rollholz Butter und
Mehl zu einem Teig gemacht, der Teig vom Rollholz rasch mit
einem Messer abgelöst, mit kalten Händen zusammengeballt und kalt
gestellt. Mittlerweile wird der Mehlteig nach vorher angegebener
Anleitung ausgewalkt, der kalte Butterteig ebenfalls auf den doppelt
so großen Mehlteig gelegt und nun wie in Nr. 101 dreimal
eingeschlagen, ausgerollt, kalt gestellt und dann seiner beliebigen
Verwendung zugeführt. Die beiden angeführten Butterteigsorten
können zu allen Backwerken, groß und klein, verwendet werden.
Für Pasteten empfiehlt sich die einfachere Art, für Torten, Kuchen,
Strudel die feinere Sorte.

103. Apfelstrudel von Blätterteig.

Man walkt ein Stück Butterteig beliebig lang, jedoch
35—40 Centimeter breit und in der Dicke von gut $1/2$ Centimeter
aus, schält säuerliche Aepfel und schneidet diese, nachdem man das
Kernhaus entfernt hat, in kleine Spalten, belegt das innere Drittel
des vorbereiteten Blätterteiges mit den Apfelschnittchen, streut
Rosinen, etwas Zucker und Zimmt, nach Belieben auch feingeschnittene
Mandelstiftchen, etwas gehacktes Citronat darüber und schlägt die
freien Theile des Teiges übereinander, so daß der Strudel geschlossen ist; dann bestreicht man den Strudel mit verklopftem
Eigelb, macht von kleinen, schmalen Teigstreifen, die mit dem
Kuchenrädchen abgezackt werden, ein zierliches Gitter auf die Oberseite des Strudels, bestreicht das Gitter ebenfalls mit Eigelb und
bäckt den Strudel in guter Hitze.

104. Apfelkuchen.

Dieser wird wie der Strudel gemacht, nur wird mit dem
Teigrädchen ein rundes Bodenblatt ausgeschnitten, auf ein Kuchen-
blech gesetzt und am Rande mit wenig Wasser leicht angefeuchtet.
Ein daumenbreiter Teigrand von Blätterteig wird rings um den
Kuchen aufgelegt, der Kuchen mit schönen dicken Apfelspalten
ausgelegt, mit Zimmt und Zucker vermischt, leicht bestreut, einige
Rosinen dazwischen gestreut und der Teigrand mit Eigelb bestrichen,

alsdann ein Blättchen rundes, weißes Schreibpapier mit Butter bestrichen und innen auf die Apfelspalten gelegt, damit diese nicht braun werden und der Kuchen bei angegebener Hitze gebacken.

105. Apfelkuchen, gegittert.

Eine Anzahl säuerlicher Aepfel werden geschält, das Kernhaus daraus entfernt und in Spalten geschnitten, rasch mit Zucker, einem Stückchen Zimmtrinde, etwas Gelb von Citrone oder Orange und ein wenig Wasser weich gedünstet, das Compot kalt gestellt, sodann die Gewürze herausgenommen und ein Gläschen Rum sowie auch einige gereinigte Rosinen darunter gemischt. Man setzt nun auf ein Kuchenblech einen 1 Centimeter dicken Teigboden, legt einen daumenbreiten Teigrand auf den außen leichtbenetzten Boden, füllt das Innere des Kuchens mit dickem, nicht flüssigem, kaltem Apfel= compot, macht von dünnen Blätterteigstreifen noch über den Innen= raum des Kuchens ein Gitter, bestreicht Gitter und Rand mit Ei= gelb und bäckt den Kuchen bei guter Hitze. Nach dem Erkalten kann man auf die Zwischenräume des Gitters kleine Stückchen von rothem Fruchtgelée legen, was hübsch aussieht und den Apfel= kuchen sehr wohlschmeckend macht.

Bemerkung. Strudel können ebenfalls mit Apfelcompot nach angegebenem Recept gefüllt werden.

106. Blätterteigkuchen und Torten mit beliebiger Fruchtmarmelade gefüllt.

Diese werden ebenso hergestellt, wie die oben angegebenen Kuchen. Marmelade beliebiger Art oder Confiture wird ebenfalls einen halben Centimeter dick auf den Innenraum einer Torte oder des Kuchens aufgetragen, das Ganze mit zackigen Teigstreifchen übergittert, mit Eigelb bestrichen und gebacken.

107. Crême-Schnittchen von Butterteig.

Von einem gleichmäßig ausgerollten Blätterteigblatt werden 2—3 möglichst lange, 12—14 Centimeter breite Streifen mittelst Lineal und Teigrädchen getrennt, diese Streifen auf Backbleche gesetzt und nachdem das zum Deckel (obersten) bestimmte Teig= blatt mit Eigelb bestrichen, in der Röhre gebacken. Sodann werden die unteren Blätter gleichmäßig mit beliebiger Crême be= strichen, aufeinandergesetzt und erst gänzlich kalt, mit feinem Staub= zucker übersiebt und in gleichmäßig breite Schnitten getheilt.

108. Frucht-Schnitten.

Werden wie die vorigen gemacht, erkaltet mit Marmelade oder sonstiger Fruchtfülle bestrichen, zusammengesetzt und in beliebige Stücke als Schnitten, Caro ꝛc. geschnitten.

109. Frucht-Roulade von frischem Obst.

Man bereite einen Streifen Butterteig wie zum Strudel Nr. 103 vor und fülle die Mitte mit einer Lage von frischen Kirschen, Weichseln, Marillen, Zwetschgen ꝛc.; bei sehr saftigen Früchten gebe man etwas Butter, geröstete Semmelbröseln zu dem Obste, streue Zucker mit Zimmt vermischt darüber, schlage die Teigstreifen der beiden Seiten übereinander, bestreiche die Oberseite mit verklopftem Eigelb und backe die Roulade in heißem Rohre. Vollkommen kalt, theilt man sie mit einem scharfen Messer in zwei fingerbreite Schnitten.

Bemerkung. Auch Dunst oder sonstige eingekochte Früchte können in Verwendung kommen, doch müssen diese erst zum Abtropfen des Zuckersaftes auf ein Sieb oder Durchschlag geschüttet werden. Selbstverständlich entfällt bei diesen eine weitere Zuckerbeigabe.

110. Butterteig-Kipferl, -Hörnchen, -Müsschen ꝛc.

Butterteig wird in der angegebenen Weise ausgerollt, mit dem Teigrädchen werden dann Dreiecke, längliche Vierecke abgeradelt und nach Belieben etwas gefüllt; davon werden Kipfel, Müsschen ꝛc. geformt und diese auf der Oberseite mit feingeschnittenen Mandeln und Grobzucker, weiß oder färbig, bestreut und dann gebacken. Zu bemerken ist, daß bei Müsschen das zusammengelegte Teigende nach unten auf das Backblech gelegt wird, während die Kipfel das Teigende oben haben sollen.

111. Nuß- und Mandelkrapfen von Butterteig.

Mit einem runden Blechbüchsendeckel, einem Ausstecher oder Wasserglas werden von ausgerolltem dünnen Butterteig eine Anzahl Blättchen ausgestochen und diese abgezählt; die eine Hälfte derselben wird mit etwas feiner Nuß-, Mandelfülle ꝛc. in der Mitte belegt, der Teigrand an den Seiten leicht genetzt und nun deckt man auf je ein Bodenblatt ein Deckblatt, drückt die Teigränder fest aneinander, damit sie sich beim Backen nicht öffnen, bestreicht die Krapfen mit Eigelb und bäckt sie.

112. Gewöhnliche Krapfen zum Garniren von Ragouts und anderen Fleischspeisen.

Diese werden nur mit einem kleinen Gläschen, Ausstecher ꝛc. ausgestochen, mit Eigelb bestrichen und dann gebacken.

113. Butterbögen.

Von ausgerolltem Blätterteig werden dreifingerbreite, hand= lange Streifen geschnitten, diese auf schmalen Bogenformen neben= einander aufgesetzt, nachdem sie erst mit Eigelb auf der Oberseite bestrichen wurden, gebacken und meist zu Wildpret, Saucen ꝛc. servirt.

114. Kleine Butterteig-Pasteten für Salmi, Hachée, Crême ꝛc.

Mit einem großen Wasserglas, Ausstecher ꝛc. werden eine Anzahl gleichgroßer Teigblätter ausgestochen, die eine Hälfte davon auf große Backbleche gesetzt und jedes Blatt am äußeren Rand leicht genetzt, indessen die zweite Hälfte der Blätter in der Mitte mit einem kleineren Glas oder einer Form nochmals ausgestochen werden; die gewonnenen Teigringe werden auf die Bodenblätter aufgelegt und die kleinen runden Blättchen allein gebacken. Es ist gut, auch das Bodenblatt an der durch die Oeffnung des Teig= ringes bloßgelegten Stelle ein wenig mit einer Gabel zu stupfen, damit dann beim Einfüllen der Pastetchen genügend Raum für das Fleisch ꝛc. bleibt, weil der Teig beim Backen steigt. Mit Ei= gelb bestrichen, werden die Pasteten und Deckelchen gebacken, noch lauwarm gefüllt, das kleine Deckelchen darüber gelegt und servirt. Siehe diverse Füllungen Nr. 116—124.

115. Große oder Fest-Pasteten von Blätterteig.

Ein Quantum Butterteig wird ½ Centimeter dick ausgerollt, so daß es ein ziemlich großes Teigblatt gibt. Ein rundes Back= blech für Kuchen wird erst zum Ausschneiden des Pastetenbodens benützt; man radelt mit dem Teigrädchen nach der Rundung des Tellers aus, belegt mit dem Blatte das Blech, schneidet aber noch einen zweiten, etwas größeren Teigfleck aus. Der Teigboden wird nun am Rande mit Eigelb genetzt, ein halbkugelförmiger Berg aus Holzwolle, Papierschnitzel oder einer reinen Serviette gemacht, der zweite Teigkreis darübergelegt und die Teigränder sehr fest

aneinandergedrückt, sodann mit dem Teigrad fest abgegrenzt, so
daß ein kleiner freier Raum am Rande des Tellers (Bleches) bleibt.
Ein gut daumenbreiter Teigstreifen aus Blätterteig wird mit dem
Rädchen geschnitten und fest unten an die Pastete angesetzt, um
gleichsam einen Saum zu bilden. Die Pastete wird nun mit
Eigelb überzogen und gebacken. Nach dem Backen wird von der
Pastete oben mit einem scharfen Messer die Kuppel abgeschnitten,
das Papier oder Tuch herausgenommen, die Pastete auf einen
gewärmten Servirteller gebracht, mit Geflügel, Wild 2c. gefüllt,
der Deckel wieder darauf gesetzt und zu Tisch gebracht. Solche
Pasteten können auch mit schmalen Teigstreifchen noch zierlicher
ausgestattet werden; sie werden dann mit Eigelb bestrichen und
gebacken und man kann z. B. hübsche Bischofsmützen 2c. herstellen.
Beim Herausnehmen des Papiers oder Tuches ist große Vorsicht
zu beobachten. In feinen Küchen hat man zum Backen solcher
Pasteten eigene große Blechteller, was die Arbeit vielfach erleichtert
und der Pastete eine schönere Form gibt: doch bei einigem Fleiß
gelingt ein solches Backwerk auch sehr gut nach der angegebenen
Weise.

Sechstes Kapitel.

Verschiedene Füllungen für Backwerke.

116. Nußfülle.

25 Gramm Hasel- oder Welschnußkern werden mit 25 Gramm geschälten Mandeln und 50 Gramm Staubzucker feingestoßen. Beim Stoßen der Nüsse wird gewöhnlich ein Ei oder 1—2 Eßlöffel guter Honig verwendet, der Brei sodann nach und nach mit 3 Eidottern unter fleißigem Rühren vermengt und ein halber Theelöffel gestoßener Zimmt mit etwas Citronengelb dazugemischt; zur besseren Festigkeit der Fülle gibt man 2 Eßlöffel voll feine Brösel darunter.

117. Mohnfülle.

Eine Kaffeetasse voll feingeriebenen Mohns wird mit Milch angeweicht, 2 Eßlöffel Staubzucker oder statt dessen Honig dazugemengt, 1 Theelöffel gestoßener Zimmt und 1—2 Eßlöffel voll feingeriebene oder gewiegte Mandeln damit vermischt, man läßt dann das Ganze seitwärts am Ofen etwas abdämpfen und füllt damit die Bäckereien.

118. Chocoladefülle.

Eine kleine Hand voll geschälte, süße Mandeln werden mit einem Ei feingestoßen und mit 100 Gramm Staubzucker vermischt und nach und nach 5 Eidotter dazugerührt; sodann werden 2 Täfelchen Chocolade, eine Hand voll Bisquitbröseln oder abgerindete Semmelbröseln, sowie der steife Schnee von 3 Eiweiß dazugemischt, worauf man Alles gut vermengt und das Backwerk füllt.

119. Topfenkäſe-Fülle.

Süßer Topfen wird durch ein Sieb geſtrichen, derſelbe muß möglichſt trocken ſein; dem paſſirten Topfen werden nach und nach (auf 500 Gramm Käſe) 4—5 Eidotter zugerührt; das Gelb einer halben Citrone, ein Eßlöffel voll Staubzucker und ein kleines Kochlöffelchen voll Mehl wird eingeſiebt und zum Schluſſe der ſteife Schnee von 2 Eiweiß in die Maſſe gemengt. Alles muß gut untereinander gemiſcht werden.

120. Iſtrianer Roſinen-Fülle.

2 Stück braune Kochlebzelten (Kuchen) werden gerieben, darüber etwas laue Butter gegoſſen, bis die Bröſel alle ein wenig befeuchtet ſind, nach Belieben etwas Citronengelb oder Zimmt dazugemiſcht, ſowie Zucker oder Honig, eine Hand voll gereinigte, trockene Weinbeeren und ebenſoviel reine Roſinen dazugegeben; Alles wird wohl vermengt und dünn auf den zu füllenden Teig aufgetragen.

Crêmen zum Füllen von Backwerk.

121. Wein-Crême.

4 Eier werden in ein Schneebecken geſchlagen, 65 Gramm Staubzucker, 1 kleiner Eßlöffel voll feines Mehl nebſt einer halben Taſſe gewöhnlichem weißen Tiſchwein dazugegeben. Das Ganze wird auf der Gluth ſolange geſchlagen, bis die Crême dick iſt und ſteigt, ohne zu kochen, da ſie ſonſt gerinnt. Nun wird das Becken vom Feuer genommen und in eine Schüſſel geleert. Erkaltet hebt man dann den ſteifen Schnee von 2 Eiweiß darein, zieht den Schnee gut in die Maſſe ein und füllt die vorbereiteten Sachen damit.

122. Milch- oder Vanille-Crême.

7 Eidotter, 150 Gramm feiner geſtoßener Zucker, 1 Koch-löffel voll feines Mehl und ein ſchwacher halber Liter guten ſüßen Rahms, ſowie etwas Vanillewürze werden wie die vorige Crême auf der Gluth mit der Schneeruthe ſolange gepeitſcht, bis die Crême dick iſt. Sodann, wenn dieſelbe vollkommen kalt iſt, wird der ſteife Schnee von 3 Eiweiß daruntergemiſcht.

123. Rahm-Crême.

Steifgeschlagener Schlagrahm wird mit Vanille und Zucker vermischt. 1 Liter Obers gibt schon sehr viel Rahmschnee.

124. Frucht-Crême.

Fünf Eiweiß werden zu steifem Schnee geschlagen, nach und nach 250 Gramm feinst gesiebter Staubzucker dazu gesiebt und mitgeschlagen, sowie etwas Kirschen-, Alkermes-, Citronen- oder Orangensaft in die Masse geträufelt; der aromatische Zuckerschnee wird sodann nach Belieben verwendet.

Siebentes Kapitel.

Brand- oder hohle Bäckereien.

---

125. Vorbemerkung.

Der Brandteig kann auf verschiedene Art, und zwar entweder mit Milch oder Wasser hergestellt werden. Sowohl Milch als Wasser wird mit der angegebenen Menge von Butter kochend gemacht, das nöthige Mehl langsam darangerührt und in der Casserole so lange auf mäßiger Gluth abgetrieben, bis die Masse glatt, nicht bröckelig sich vom Geschirre, worin sie gekocht wurde, loslöst. Die Masse wird sodann vom Feuer genommen, die nöthigen Eier nacheinander gut dareingerührt, bis der Teig genügende Festigkeit hat. Ist die Masse zu strenge, so schlage man noch unter beständigem Abtreiben 1 Ei oder 1 Dotter daran, würze sie mit ein wenig Citronengelb oder Rum, auch Mazis (Muscatblüthe), nebst einer kleinen Prise Salz. Die Bereitung dieser Teigmasse muß mit größtmöglichster Raschheit vorgenommen werden. Man setzt nun kleine Teighäufchen auf mit Butter oder Wachs überstrichene Backbleche und bäckt sie im Rohr oder füllt die Masse in ein Spritzenrohr und bäckt sie dann in siedendem Schmalz heraus. Werden Kräpfchen, Ringe oder sonstige Formen von Brandmasse auf das Backblech dressirt, so müssen diese, ehe sie dem Rohr übergeben und bei mittlerer Ofenhitze gebacken werden, mit Eigelb auf der Oberseite bestrichen sein. Je höher das Backwerk gestiegen und je hohler es ist, desto schöner ist es gelungen. Mit etwas feingestoßenem Geschmackszucker übersieht, haben Brandteigbäckereien ein sehr hübsches Aussehen. Nach dem Erkalten werden die einzelnen Stücke der Quere nach durchschnitten und mit beliebiger Crème gefüllt.

126. Brandkrapfen, Windbeutel, Luftkrapfen ꝛc.

140 Gramm süße Butter und 140 Gramm frisches Brunnen=
wasser werden in einer Messingpfanne zum Feuer gesetzt, wo man
es kochend werden läßt. 140 Gramm feinstes, gesiebtes Mehl
wird unter fleißigem Umrühren auf der Gluth dazu gerührt,
bis der Teig glatt und compact sich von der Pfanne löst. Man
nimmt ihn vom Feuer, bringt die Masse in eine Schüssel, rührt
den Teig kühl und schlägt unter fortwährendem Abtreiben 6 ganze
Eier nacheinander dazu, giebt eine Prise Salz in den Teig und
2—3 Eßlöffel feinen Staubzucker. Ist Alles wohl vermengt, so
setzt man welschnußgroße Häufchen auf leicht mit Fett bestrichene,
mit Mehl abgestäubte Backbleche, überstreicht sie leicht mit Eigelb
und bäckt sie bei mäßiger Ofenhitze.

127. Windnudeln.

Ein viertel Liter reines Brunnenwasser wird mit 100 Gramm
Rindschmalz oder Butter kochend gemacht, 150 Gramm gesiebtes
Mehl in die kochende Flüssigkeit eingerührt und die Masse auf der
Gluth so lange geröstet, bis sie sich glatt von der Casserole los=
löst; 8 Eier werden nacheinander unter fleißigem Rühren in die
Brandmasse eingearbeitet, eine Prise Salz nebst etwas gestoßener
Muscatblüthe oder Citronengelb zugefügt und im Uebrigen wird
die Masse wie die vorige behandelt.

128. Brandteig-Krapfen.

Ein viertel Liter süße Milch wird mit 80 Gramm guter
Butter kochend gemacht, dazu 140 Gramm gesiebtes Mehl ein=
gerührt und der Teig unter fortwährendem Rühren glatt ab=
getrieben in eine Schüssel gebracht, sodann eine Prise Salz,
Citronengelb, nebst einigen Löffeln gestoßenen Zuckers dazugemischt,
4 ganze Eier oder 4—5 Dotter in die Masse eingerührt und der
Teig wie der vorige behandelt.

129. Windküchlein.

¹/₄ Liter unabgeschöpfte süße Milch wird mit 140 Gramm
guter Butter kochend gemacht, 140 Gramm gesiebtes Mehl ein=

gesiebt, die Masse auf der Gluth glatt abgeröstet, 5 Eier und
3—4 Dotter werden nacheinander mit dem Brandteig verrührt,
sodann 140 Gramm Zucker, eine gute Messerspitze Kochsalz und
ganz wenig pulverisirte Muskatblüthe, Alles wohl vermengt, während des Abtreibens der Masse zugesetzt. Dieselbe wird in eine
Sternspritze eingefüllt und auf vorbereitete Backbleche in Form
kleiner Ringe, S=Figuren ꝛc. aufgetragen und bei mäßiger Hitze
gebacken.

130. Gestreute Brandbäckereien.

Von allen bisher angegebenen Massen können beliebige
Formen dressirt werden, die man mit feingeschnittenen Mandeln,
Grobzucker ꝛc. bestreuen kann. Nach dem Backen werden sie mit
Staubzucker übersiebt.

131. Gefüllte Brandkrapfen und -Ringe.

Hat man nach Angabe kleine Krapfen oder Ringe von Brandmasse semmelgelb gebacken, so schneidet man von den Kräpfchen
ein Deckelchen ab oder macht an der Haube einen Einschnitt, füllt
sie mit Confiture oder beliebiger Crème, nach der die Bäckerei dann
ihren Namen erhält; Ringe spaltet man in zwei Theile und füllt sie.

132. Mit freier Hand dressirtes Brandbackwerk.

½ Liter Wasser und 65 Gramm süße Butter werden gekocht, 210 Gramm Mehl dareingerührt, auf der Gluth abgeröstet
und dann wird die Masse mit 210 Gramm feinem Staubzucker
und 8 Eiern glatt abgetrieben, bis sie vollkommen kalt ist. Nun
hebt man den Teig auf ein mit Mehl bestaubtes Backbrett, rollt
davon dünne kleine Strähne aus, formt kleine Bretzeln, S Figuren,
Schlingen ꝛc. daraus, bestreicht deren Oberseite mit Eigelb und
bäckt sie bei mäßiger Hitze oder man streicht das Backwerk mit
Eiweiß an und streut Grobzucker oder Mandeln darauf.

133. Strauben, Spritzkrapfen oder in Schmalz gebackener Brandteig.

Zu den Spritzkrapfen muß der Teig ein weicherer als zu
den anderen Bäckereien von Brandmasse sein: er muß dickflüssig
sein und erfordert daher eine größere Anzahl von Eiern. Man

bringe einen schwachen halben Liter süßer Milch mit 65 Gramm guter Butter zum Kochen, rühre in die siedende Milch 320 Gramm feinstes gesiebtes Mehl ein und röste den Teig unter beständigem Rühren fein und glatt (er darf keine Knöllchen bilden). Löst sich die Teigmasse vom Geschirre ab, so hebe man sie vom Feuer, setze 50 Gramm Staubzucker bei und rühre diesen mit abwechselnd 5 Eidottern und 8 bis 9 ganzen Eiern zu einer dicklichen flüssigen Masse, reibe noch etwas Citronengelb daran und fülle die Teigmasse in die Spritze. Indessen muß man bereits in einer weiten Eisen= oder Messingpfanne Schmalz (Schmelzbutter) heiß gemacht haben; zeigt sich ein ganz kleiner Rauch auf dem Schmalz, so drücke man durch das Sternrohr, Straubenspritze, gleichgroße runde Ringe in das kochende Schmalz, doch nicht zu viele, da sich die Spritzkrapfen beim Backen sehr ausdehnen. So= bald die Krapfen lichtbraun werden, wendet man sie mit dem Back= schäuferl vorsichtig auf die andere Seite und bäckt sie auch auf dieser gar, hebt sie vorsichtig auf einen untergestellten Durchschlag zum Abtropfen und bestreut sie dann mit Vanillezucker oder mit etwas Zimmtpulver vermischtem Zucker.

134. Kapuzinerklöße.

Von vorstehender Brandmasse werden mit einem kleinen Eßlöffel, den man in warmes Schmalz taucht, kleine Nockerln in siedendes Schmalz eingelegt, schön gebacken und, noch warm, mit feingeriebener Chocolade mit Zucker vermischt überstreut.

Achtes Kapitel.

Baisers, Windbäckereien, Schaumconfect.

135. Vorbemerkung.

Die Baisers, Schaum- oder spanische Windmasse, werden meist auf kaltem Wege hergestellt und bestehen aus feingestoßenem Staubzucker und möglichst frischem Eiweiß; eine zweite Art Windmasse, das ist die schwerere, wird aus zum schwachen Fluge (kleiner Blase) gekochtem Zucker hergestellt, doch erfordert diese Art von Herstellung eine größere Geübtheit. Der Zucker wird mit wenig Wasser bis zum Fluge gekocht, das heißt, man taucht einen Schaumlöffel in den dick eingekochten Zucker und bläst fest durch, fliegen die kleinen Zuckerbläschen aneinander vom Löffel, so hat der Zucker den nöthigen Grad erreicht, und man mischt unter beständigem Schlagen das inzwischen steifgepeitschte Quantum Eiweißschnee nebst der mit Zucker gestoßenen Vanille bei und fährt an einem kühlen Platze fort, die Zuckermasse zu peitschen, bis sie erkaltet ist. Sollte die Masse nicht genügend dick sein, so gibt man noch feingestoßenen Zucker nach. Diese Art Windmasse ist etwas fester, als die erste angegebene, kalte Masse. Bei dieser wird zuerst das Eiweiß zu sehr steifem Schnee geschlagen, der sich schneiden läßt (es ist gut, das Eiweiß vor dem Schlagen kalt zu stellen); ist der Schnee genügend steif, so wird ein Theil von dem dazu nöthigen Zuckerquantum nach und nach in den Schnee gesiebt, in diesen eingezogen und zwar in kleinen Partien, bis der ganze Staubzucker verwendet ist, und dann setzt man mit einem Löffel kleine Bällchen, Eier ꝛc. auf mit Papier belegte Backbleche, übersiebt die Baisers mit Staubzucker und läßt sie im mäßig

warmen Rohr abtrocknen; sie dürfen nur einen Schimmer von
gelblicher Farbe erhalten. Werden die Windbäckereien eingefüllt,
so werden sie noch warm mit einem dünnen, flachen Messer vom
Papier abgelöst, von der unteren Seite nach innen ausgehöhlt,
gefüllt, an den Bodenrändern mit Eiweiß bestrichen und je zwei
Theile zusammengesetzt. Für Torten und Confectstücke ist die
schwerere Masse zu empfehlen, da sie weniger zerbrechlich ist.

136. Gewöhnliche spanische Winde (Baisers).

3—4 Eiweiß werden zu sehr steifem Schnee geschlagen und
260—280 Gramm feinstes Zuckermehl nebst etwas mitgestoßener
Vanille nach und nach in den Eierschnee eingerührt; auf ein mit
weißem Wachs bestrichenes oder mit mehlbestreutem Papierbogen
belegtes Backblech werden mit dem Löffel taubeneigroße Häuschen
gesetzt, die man in mäßig warmer Röhre trocknen läßt.

137. Gefüllte Baisers.

6 Eiweiß werden kalt zu sehr steifem Schnee geschlagen,
nach und nach 400 Gramm feinstes Zuckermehl, etwas Himbeer
oder sonstiges Fruchtdestillat in den Schnee eingemischt und mit
einem Löffel oder einer Spritze Tupfen, Ringe ꝛc. auf mit Wachs
überstrichene Bleche gesetzt; diese werden in der lauen Röhre getrocknet, dann das weiche Innere der Masse ausgenommen, etwas
Fruchtmarmelade, Obersschaum ꝛc. eingefüllt und, wie angegeben,
zusammengesetzt.

138. Gestreute Windbäckereien.

Steifer Schnee von 6 Eiweiß wird mit 600—700 Gramm
feingestoßenem Staubzucker vermischt, die Masse in eine Spritze
eingefüllt, worauf beliebige Formen auf mit Wachs bestrichene
Bleche dressirt werden, z. B. Schlingen, Ringe, Paragraphen,
Tupfen ꝛc.; diese werden entweder mit grob geriebener Chocolade,
mit feingestiftelten Mandeln, mit Nonpareille oder farbigem Grobzucker überstreut und wie alle vorigen gebacken.

139. Semmel, Kipfel (Hörnchen), Zöpfchen von Windmasse.

Von gewöhnlicher, mit Vanille gewürzter Windmasse werden
kleine Plätzchen, Zöpfchen oder Kipfel auf bemehlte Papiere auf-

gesetzt; mit einem nassen Messer, das man vorher in Mehl ein=
taucht, werden die Semmeln kreuzweise eingeschnitten, mit purem
Eidotter überstrichen, die Kipfel und Zöpfchen nach Belieben noch
mit feinen Bröseln überstreut und licht gebacken.

140. Schaumconfect.

Acht Eiweiß werden zu sehr steifem Schnee geschlagen; der=
selbe wird mit 800 Gramm feinem Zuckermehl und etwas Aroma,
z. B. Citronenöl, Fruchtdestillat 2c. wohl vermischt, ½ Theelöffel
Pudermehl eingesiebt und gut vermengt: die Masse wird in eine
Spritze oder Cartondüte mit abgeschnittener Spitze eingefüllt und
auf mit Wachs bestrichene, mit Mehl bestaubte Backbleche werden
aus freier Hand Figuren, Sterne, Ringe, Schleifen 2c. aufdressirt,
welche dann im lauwarmen Ofen mehr getrocknet als gebacken
werden.

141. Rosenfarbiges Schaumconfect.

200 Gramm feines Zuckermehl wird mit etwas Citronenöl
und 2 Eiweiß und ½ Theelöffel aufgelöster Cochenille zu einem
festen Teig angemacht, dieser auf Zucker ausgerollt, bis er etwa
½ Centimeter dick ist, dann werden beliebige Thiere, Blumen=
formen 2c. davon ausgestochen und auf mit Wachs bestrichenen
Blechen gebacken.

142. Chocolade-Schaumconfect.

Wird wie das vorige gemacht, nur statt des Citronenöls und
der Cochenille wird erweichte Cacaomasse oder etwas feingeriebene
Chocolade mit eingerührt.

143. Schaumconfect mit Mandeln.

Steifer Schnee von 6 Eiweiß wird mit 600 Gramm feinem
Staubzucker, etwas Citronen= oder Ananas=Geschmack, sowie
100 Gramm feingestoßenen süßen (darunter auch ein paar bitteren)
Mandeln gut vermischt und im Uebrigen wie alles Schaumconfect
behandelt.

144. Schaumconfect mit beliebigem Fruchtgeschmack.

Ein halb Kilo Zucker wird zur schwachen Blase (Flug) ge=
kocht, der steife Schnee von 10—12 Eiweiß wird nach und nach

unter beständigem Schlagen mit dem gekochten Zucker vermischt und das Schlagen fortgesetzt, bis die Masse ganz kühl geworden, dann etwas Fruchtdestillat beliebiger Sorte gut in die Masse gemischt, diese in eine Spritze oder Düte gefüllt und aufdressirt; nach Belieben kann das Confect mit feingehackten Mandeln, farbigem Streuzucker ꝛc. übersät werden.

145. Schaum- oder Windtorte.

Zehn Eiweiß (von frischen Eiern) werden zu sehr steifem Schnee geschlagen, mit 100 Gramm nach Geschmack gewürztem Staubzucker und einer Messerspitze Pudermehl gut vermischt. Ein Tortenblech wird mit mürbem oder Mandelteig am Boden überlegt, derselbe erst leicht gebacken und die Windmasse in eine Düte oder Spritze eingefüllt, dann in beliebiger Zeichnung aufgetragen. Bei den Kreuzungen der Masse werden kleine Tupfen von der Masse darübergesetzt, wie auch rings um den Rand; die Torte wird leicht mit Zucker übersiebt und dann gebacken. Nachdem sie erkaltet ist, werden die Zwischenräume der Windmasse mit Schlagobers, mit Gefrorenem oder einer Crême gefüllt oder auch mit frischen Früchten, als Erd= oder Himbeeren, Trauben ꝛc. ausgelegt.

Bemerkung. Der Boden der Torte kann in anderer Art ebenfalls aus Windmasse sein; man dressirt hiezu auf ein rundes Wachspapier, das mit Mehl übersiebt wird, einen spiral= oder schneckenförmigen Boden auf und bäckt ihn.

Neuntes Kapitel.

Lebkuchen, Früchtenbrod und diverse kleine Bäckereien.

146. Vorbemerkung.

Die Lebkuchen und das Früchten=, Kletzen=, auch Hutzelbrod gehören zu den ältesten deutschen Bäckereien. Man vermißt sie an keinem Festtisch, weil sie lange haltbar sind; so wurden sie besonders von den Hausfrauen gebacken und manche Stadt und manches Land hat seine eigene Art, die alle anzuführen weit über den Rahmen dieses kleinen Werkchens ginge. In ihren Bestandtheilen sind die Lebkuchen meist aus Mehl, Mandeln, Nüssen und verschiedenen Gewürzen, viele auch mit Honig hergestellt; das Früchtenbrod sagt ohnehin, was es in sich birgt: Früchte, meist trockene, als getrocknete Birnen, Pflaumen, Nüsse, Mandeln ꝛc., sowie Gewürze nebst Brodteig. Es folgen hier nur die bekanntesten Arten dieser Backwerke.

147. Braune Nürnberger Lebkuchen.

1½ Kilogramm Bienenhonig wird aufgekocht, bis er hoch in der Pfanne steigt, sodann wird der heiße Honig vom Feuer genommen und unter beständigem Rühren kühl d. h. lauwarm gemacht. Ein Kilogramm gewöhnliches Backmehl wird mit einem Rührlöffel langsam in den Honig eingerührt. Ist der Teig gut verrührt, so wird ein Holzschaff innen gut naß gemacht, der Teig hineingegeben und mit einem Tuche bedeckt 3—4 Tage stehen gelassen, wobei täglich die Teigoberseite mit Wasser etwas befeuchtet werden muß, damit letzterer keine Kruste bekommt. Nach dieser Zeit wird der Teig aus dem Schaff auf einen bemehlten Backtisch gehoben, dann werden noch etwas Mehl, 500 Gramm grobgeschnittene Mandeln, 120 Gramm Citronat und 125 Gramm verzuckerte Orangenschalen (Aranzini), Beides grob gehackt, sowie das Gelb von einer ganzen Citrone, 40 Gramm Zimmtpulver, 20 Gramm gestoßene Nelken nebst einem Theelöffel Cardamomenpulver und etwas mit Wasser aufgelöste geseihte Pottasche dazu gegeben und dies Alles wird recht gut in den Teig eingearbeitet. Der Teig wird sodann in einzelnen Partien ausgerollt, etwa 1 Centimeter dick, davon 15 Centimeter breite Streifen geschnitten und diese wieder in länglich-viereckige Stücke getheilt: jedes dieser Stücke wird mit einem Streifchen feingeschnittenen Citronats in der Mitte belegt und die so bereiteten Lebkuchen werden auf Pappendeckel gelegt, über Nacht stehen gelassen, dann am nächsten Tag auf leicht bemehlten Blechen gebacken. Nach dem Backen wird das Mehl von den Kuchen abgestaubt, darauf werden die Stücke mit kalter Zuckerglasur überpinselt und getrocknet.

148. Braune Basler Lebkuchen.

1 1/2 Kilo Honig, 600 Gramm Farin-Zucker, 1/4 Liter Wasser werden zusammen gekocht, und nachdem die Masse bereits ausgekühlt ist, werden dazu etwa 2 Kilogramm Mehl recht gut eingerührt. Der Teig wird in ein nasses Holzgefäß gebracht und 6—8 Tage stehen gelassen, doch muß er oben täglich befeuchtet werden. Nach dieser Zeit wird der Teig auf einen bemehlten Tisch gelegt, dann werden feingehacktes Citronat, verzuckerte Pomeranzen, davon je 150 Gramm, das Gelb einer Citrone, 300 feingeschnittene, geröstete, ungeschälte, nur abgeriebene Mandeln, 2 Gramm Nelkengewürz, 20 Gramm Zimmtpulver, nach Belieben etwas Cardamomengewürz und eine Messerspitze weißen Pfeffers nebst 5 Gramm flüssiger Pottasche gut zusammen vermengt und auf die ganze Masse noch 10 Gramm mit Eigelb feinverriebenes Ammonium (Hirschhornsalz) dazugegeben. Dies Alles wird sehr gut ineinandergearbeitet, der Teig ausgerollt, wie bei den vorigen: endlich werden länglich viereckige Kuchen davon geschnitten, diese mit geschälten Mandeln oder Citronatstreifchen belegt und die Lebkuchen, nachdem sie einige Stunden gelegen, auf bemehlten Backblechen bei mäßiger Hitze gebacken, vom Mehl abgestaubt, glacirt und getrocknet.

149. Weiße Nürnberger Lebkuchen.

Ein halbes Kilo Staubzucker wird mit 9 Eidottern recht schaumig gerührt und das Gelbe von einer Citrone dazu gegeben: ferner werden 55 Gramm feingeschnittene, geröstete Mandelstreifchen

nebst 36 Gramm Gewürz beigemengt, worunter auch etwas gemischte Cardamomen sein sollen; 8 Gramm in Wasser aufgelöste
Pottasche und das zu Schnee geschlagene Weiße der Eier, Alles
wohl vermengt, wird dann in den Abtrieb gehoben und schließlich
werden noch 500—550 Gramm Mehl in denselben eingesiebt.
Diese Masse wird auf länglich vierseitige Backoblaten gestrichen,
die Seitenwände der Lebkuchen werden gleichgestrichen und dieselben
in der Mitte mit einem Citronatstückchen belegt, sodann mit feinem
Staubzucker überstreut einige Stunden liegen gelassen und bei
mittlerer Ofenhitze gebacken.

150. Weiße Basler Lebkuchen.

Zehn ganze Eier werden in ein Einsiedebecken nebst 560 Gramm
feinem Staubzucker und dem abgeriebenen Gelb einer Citrone schaumig
dick, wie Chaudeau, geschlagen, 560 Gramm Mehl dareingesiebt
und 400 Gramm abgezogene, in feine Streischen geschnittene und
vorher geröstete Mandeln dareingemischt: hierauf werden 20 Gramm
Zimmtpulver, 5 Gramm Nelkengewürz und 2 Gramm feinpulverisirte Cardamomen, sowie eine Messerspitze zerdrücktes Hirschhornsalz (Ammonium) gut damit vermischt. Die Masse wird kleinfingerdick auf Backoblaten gleichmäßig aufgetragen, worauf beliebig große
länglich-vierseitige Lebkuchen daraus geschnitten werden, die man
etwas abtrocknen läßt und dann bei mäßiger Gluth licht bäckt
(mehr trocknet).

151. Weiße Dessert-Lebkuchen.

560 Gramm feingestoßener Zucker werden mit 10 Eiern schaumig
dick geschlagen und 75 Gramm feingewiegtes Citronat, ebenso viel
candirte Orangeschalen (Beides sehr fein gehackt), ferner das Gelb
einer halben Citrone und ein Gläschen starken Aracs dazugemischt,
hierauf werden noch 560 Gramm Mehl eingesiebt: diese Masse wird,
gut vermischt, auf Backoblaten kleinfingerdick gestrichen, jeder Lebkuchen mit halben Mandeln in den 4 Ecken belegt, abtrocknen
gelassen und dann wie die vorigen gebacken.

Bemerkung. Man schneidet die Oblaten für diese Lebkuchen gewöhnlich in
   der Größe eines Kartenblattes.

152. Mandel-Lebkuchen.

Siehe unter Nr. 56.

153. Haselnuß-Lebkuchen.

Siehe unter Nr. 75.

154. Nürnberger Weihnachts-„Leckerli“.

Dazu nimmt man 560 Gramm feines Mehl, 4 große Eier,
560 Gramm Staubzucker, ein Stück gute Butter in der Größe
eines Taubeneies, einen Theelöffel voll gereinigte Pottasche und
das Gelb einer Citrone. Der angegebene Zucker wird mit den
Eiern und der in Rosenwasser oder Milch aufgelösten Pottasche
mit der Schneeruthe schaumig dick geschlagen, die Butter erweicht
darangerührt und nach und nach das angegebene Quantum Mehl
eingemischt und gut vermengt; der Teig wird sodann auf ein
bemehltes Brett gelegt, einen Centimeter dick ausgerollt und mit
einem Ausstecher werden kleine runde oder viereckige „Leckerli“
ausgestochen oder mit einem Teigrädchen ausgezackt, welche mit
Anis, Nonpareillezucker (oder Wurmsamen für kleine Kinder) bestreut und über Nacht liegen gelassen werden; am nächsten Morgen
bäckt man sie auf mit weißem Wachs bestrichenen Backblechen licht
strohgelb.

155. Chocolade-Lebkuchen (Busserln).

400 Gramm feinst gestoßener Zucker, 400 Gramm geschälte,
mit etwas Eiweiß feingestoßene Mandeln (süße) werden auf der
Gluth etwas abgeröstet, hierauf 120 Gramm erweichte Cacaomasse
dazugemengt, 1 Theelöffel Zimmtpulver, sowie das Gelb von
1½ Citronen dazugemischt, dann Alles auf der Gluth gut abgerührt, bis die Masse genügend compact ist; sollte sie zu dünn
sein, so gebe man noch ein wenig Staubzucker nach); alsdann hebt
man den Teig auf ein mit Mehl und Staubzucker bestreutes Brett
oder einen Backtisch, drückt ihn kleinfingerdick auseinander und
sticht mit in Zucker getauchten kleinen Formen beliebig große
Busserln aus, die man auf mit Wachs bestrichenen Blechen bei
mäßiger Hitze bäckt und nach Belieben noch mit Glasur überzieht.

156. Prager mürbe Leckerln.

50 Gramm frische Butter werden schaumig gerührt; hiezu
gibt man 140 Gramm Staubzucker, 10 Gramm Zimmtpulver,
1½ Gramm pulverisirte Gewürznelken, das Gelb einer halben

Citrone und 20 Gramm mit einem Tuche abgewischte, geriebene, süße Mandeln, ein ganzes Ei; Alles wird wohl vermengt, worauf nach und nach 140 Gramm feines Mehl in die Masse gegeben werden: der Teig wird auf einem mit Mehl bestreuten Backtisch ½ Centimeter dick ausgerollt und dann werden daraus Leckerln in der Größe eines Kartenblattes mit dem Teigrädchen geschnitten, welche auf mit Wachs bestrichene Backbleche gelegt, mit verklopftem Ei überstrichen und mit feingeschnittenen Mandeln oder farbigem Streuzucker bestreut, langsam gebacken werden.

157. Gewürz-Blättchen.

280 Gramm Mehl, 280 Gramm Staubzucker, 10 Gramm gestoßener Zimmt, 1 Gramm gestoßenes Nelkengewürz und das fein geschnittene Gelb einer halben Citrone werden mit 3 Eidottern und dem Schnee von zwei Eiern zu einem Teig angemacht, den man über Nacht an einen kühlen Platz legt und am folgenden Tag ausrollt, worauf man daraus beliebige Blättchen oder Gebäckstückchen aussticht und bäckt.

158. Quitten-Zeltchen.

70 Gramm feiner Staubzucker werden mit einem Eßlöffel voll Quittenmark (eingesottenes) zu einem Teig angemacht, mit dem Rollholz auseinander gedrückt und kleine, runde oder viereckige Zeltchen davon ausgestochen; dieselben werden auf Papier gelegt und in der Wärme abgetrocknet. Man kann sie zierlich in farbiges Seidenpapier einwickeln und als Baumschmuck oder zu Dessertbäckereien verwenden. Aus dieser Masse können auch Schlingen, Kränzchen ꝛc. ausgerollt und dressirt werden.

159. Muskatsinen-Bäckereien.

280 Gramm feingestoßener Zucker werden gesiebt, 2 Eier und 2 Dotter dareingeschlagen und mit der Schneeruthe schaumig gepeitscht, sodann das Gelb ½ Citrone dareingerieben, 1 Eßlöffel voll gestoßener Zimmt, sowie eine ganze geriebene Muskatnuß und 230—280 Gramm feines Mehl dazugemischt. Nachdem dies Alles gut ineinandergearbeitet worden ist, werden kleine Nüsse daraus gestochen und auf mit Wachs bestrichenen Blechen langsam gebacken. Die Nüßchen können auch glacirt werden.

160. Ingwer.

Man macht dieselbe Masse wie zu Muskatsinen, nur wird statt der Muscatnuß etwa ein halber Eßlöffel feingestoßener Ingwer verwendet; es werden kleine Formen ausgestochen und langsam gebacken.

161. Früchten-, Kletzen- oder Hutzelbrod.

Zur Herstellung des Früchtenbrodes beginne man schon Tags vorher, ehe gebacken werden soll. Man bereitet folgende Zuthaten vor: 1½ Kilogramm trockene Birnen werden gut gewaschen und weich gekocht, das Blüthenköpfchen und der Stiel nach dem Sieden davon entfernt und jede Birne (Kletze) in drei Stückchen getheilt und in eine große Schüssel gelegt, der Saft davon bei Seite gestellt. ½ Kilo trockene Pflaumen (Zwetschgen) werden gleichfalls gewaschen, weich gekocht, die Kerne ausgelöst und ohne Saft zu den Birnen gegeben; ebenso gibt man dazu 300 Gramm große Rosinen, 150 Gramm ausgesuchte Weinbeeren, 300 Gramm geschälte süße Mandeln und 350—500 Gramm Kranzfeigen, wovon jedes Stück in 2—3 Streifchen geschnitten wird. Ferners werden etwa 40—50 Stück ausgelöste welsche Nüsse nebst einer Hand voll Haselnüssen mit Rum, Kirschgeist oder sonstigem guten Branntwein angefeuchtet und über Nacht gut verdeckt stehen gelassen. 20 Gramm Citronat und 20 Gramm candirte Orangenschalen werden in grobe Streifchen geschnitten, auf einen Teller gelegt, sodann wird auf einem weiteren Teller folgendes Gewürz gemischt: Ein Eßlöffel gestoßener Zimmt, ½ Eßlöffel gestoßene Nelken, 1 Gramm Coriander und 1 Gramm weißer gemahlener Pfeffer; dieses wird zugedeckt und für den nächsten Morgen bei Seite gestellt.

Am folgenden Tag hole man vom Bäcker 2—2½ Kilo schwarzen Brodteig (Roggenbrod), wenn man nicht selbst solchen hat, schneide ein Drittel des Teiges davon weg und lege ihn in eine Schüssel, die mit einem Tuche bedeckt wird; der andere kommt auf einen mit Roggenmehl gut bestreuten Backtisch. Nun gibt man die vorbereiteten Früchte dazu (die Mandeln und Nüsse jedoch zuletzt), arbeitet dieselben unter gleichmäßigem Kneten in den Teig gut ein, streut das Citronat, die Orangenschalen, das Gewürz und nun auch die Nüsse darüber, mengt auch dieses in den Teig ein, formt ihn dann in zwei bis drei gleich große Wecken, rollt den bei Seite gestellten Brodteig gut dünn aus und schlägt die einzelnen Wecken in denselben ein; hierauf legt man sie auf

ein mit einem Tuch belegtes Brett, stupft jeden Wecken mit einer
großen Gabel 3—4mal oben ein und bestreicht die Wecken mit
etwas Brühe, worin die Birnen oder Zwetschgen gekocht wurden,
belegt sie zierlich oben mit geschälten Mandelhälften und gibt
sie sofort zum Bäcker, der sie noch einige Zeit gehen lassen soll,
oder man läßt das Früchtenbrod noch eine Stunde aufgehen und
bäckt es im Backofen sehr langsam Nach vier bis sechs Tagen
erst schneide man das Brod an, das durch längeres Abliegen an
Güte gewinnt.

Bemerkung. Das Früchtenbrod kann auch einfacher und billiger hergestellt
werden, indem man die theueren Fruchtsorten mehr wegläßt, dafür aber
von den Zwetschgen und Birnen mehr nimmt; statt Citronat nimmt
man in diesem Falle gewöhnliches Citronengelb und etwas weniger
Feigen, doch die Gewürze behalte man bei. — Die im Recepte angegebenen Gewichtsmengen können nach Belieben verdoppelt oder getheilt werden. Für ganz kleinen Bedarf kann gewöhnlicher Germteig
zum Ausmachen und Einschlagen des Brodes benutzt werden, doch muß
er ziemlich strenge sein und dann gut gehen.

Zehntes Kapitel.

Glasuren für Torten und Backwerk.

162. Wasser-Eis oder -Glasur, weiß und rosa.

Eine Tasse feiner Staubzucker wird mit wenig Wasser nach und nach zu einer dicklichen, flüssigen Masse angerührt, nach Belieben mit Orangen- oder Citronensaft gewürzt und gut verrührt, oder man färbt die Glasur durch Zusatz von ein wenig aufgelöster Cochenille oder etwas Alkermessaft rosa oder roth.

Bemerkung. Diese Glasur eignet sich für kleines Backwerk, Lebkuchen ꝛc.

163. Gerührte Eiweiß-Glasur mit Vanille.

140 Gramm feingesiebter Staubzucker wird mit Eiweiß so lange gerührt, bis die Masse schaumig ist; dann wird etwas Vanillemark oder Arac, Rum, Liqueur ꝛc. daruntergemischt, und die bestimmte Mandelbäckerei, Torten, Kuchen ꝛc. sogleich überzogen, worauf man das Glacirte im Rohr abtrocknen läßt.

164. Zucker-Glasur von gekochtem Zucker.

150 Gramm Zucker werden mit ⅛ Liter Wasser bis zum Spinnen dicklich gekocht, dann wird der gewünschte Fruchtgeschmack zugesetzt, die Glasur vom Feuer genommen und kalt gerührt. Sobald die Glasur beginnt weiß zu werden, wird die zu glacirende Bäckerei rasch überzogen (sollte der Zucker zu kalt sein, so genügt ein leichtes Erwärmen) und im Rohr getrocknet. Diese Glasur eignet sich für alle Backwerke und Torten. Einige Tropfen Citronen- oder Orangensaft zugesetzt, gibt eine schöne und gute Fruchtglasur: dasselbe gilt auch für alle anderen Fruchtgattungen.

165. Chocolade-Glasur.

180 Gramm zum Faden gekochter Zucker werden in ein Schüsselchen oder in eine Reibeschale gebracht, 130 Gramm aufgelöste Cacaomasse langsam, löffelweise in den noch warmen Zucker eingerührt, bis die Glasur recht glatt ist, und hierauf werden die zu glacirenden Gegenstände sofort überzogen, ehe die Glasur ganz erkaltet. Sollte die Glasur dennoch zu kalt geworden sein, so genügt ein leichtes Erwärmen der Masse unter fortwährendem Umrühren; statt Cacaomasse können auch 2 Täfelchen im Rohr erweichte Chocolade verwendet werden. Als Geschmack kann etwas Vanille oder Gewürz der Glasur zugesetzt werden.

166. Kalt gerührte Chocolade-Glasur.

130 Gramm verklopfte Cacaomasse oder 2½ Täfelchen Chocolade werden in einer Casserole auf mäßiger Gluth erweicht, die erweichte Masse wird mit einigen Eßlöffeln voll Läuterzucker unter beständigem Rühren verdünnt, bis die Masse glatt ist, sodann wird etwa 500 Gramm feinst gestoßener, gesiebter Staubzucker langsam in die Cacaolösung eingerührt, bis die Glasur die nöthige Dicke zum Ueberziehen hat und glatt gerührt verwendet. Sollte die Masse zu kühl geworden sein, so gilt die gleiche Behandlung, wie die in der vorigen Nummer angegebene.

167. Diverse Frucht-Glasuren.

Nach den bereits angegebenen Recepten lassen sich alle Gattungen von Glasuren in beliebiger Farbe und Geschmack herstellen: so wird z. B. bei Punschglasur Arac, Rum und Citronensaft zugesetzt, bei Himbeerglasur Himbeersaft, bei Ananas ein Ananasdestillat, bei Liqueur beliebige Sorten, als Maraquino, Anisette ꝛc.; grün färbt man eine Glasur mit ein wenig ausgepreßtem Spinatsaft, gelb mit etwas aufgelöstem Safran, den man mit Orangen- oder Citronensaft vermischt. Gewürzglasur wird hergestellt, indem man von dem bestimmten Gewürz ein kleines Quantum in feingepulvertem Zustande zu der Zuckerlösung mischt. Alle Glasuren müssen sehr glatt (nicht bröselig) sein. Die glacirten Gebäcke läßt man im Rohr bei sehr mäßiger Wärme abtrocknen.

Elftes Kapitel.

Hefenbäckerei, Kuchen, Stollen etc.

168. Oesterreicher Stritzel.

180 Gramm süße Butter werden mit 100 Gramm Staubzucker schaumig abgetrieben, das Gelb von einer Citrone sowie
eine Messerspitze gestoßene Muskatblüthe dazugerührt. 1 Kilo
feines Mehl wird in eine andere Schüssel gegeben, ½ Eßlöffel
Salz dareingestreut und in der Mitte eine kleine Grube in das
Mehl gemacht, sodann werden 45 Gramm mit lauer Milch und
etwas Zucker aufgelöste Preßhefe, sowie etwas von dem Mehl
dareingerührt und dann läßt man das Dampfel (Hebel) gehen.
Ist es gegangen, so wird der Butterabtrieb nebst wenig lauer
Milch und 6 Eiern nach und nach dazugerührt, der Teig gut abgearbeitet, geknetet, mit einem Tuche bedeckt und gut aufgehen
gelassen; hierauf nimmt man den Teig, theilt denselben in
6—9 Theile, je nach der Höhe, welche der Stritzel bekommen soll.
Man rollt davon 3 größere und 3 kleinere Strähne aus, streut
während des Rollens einige Weinbeeren und Rosinen auf den
Backtisch, so daß die Früchte gleichmäßig in den Teig eingerollt
werden, flicht davon einen größeren (dickeren) und einen zweiten
(dünneren) Zopf und legt die beiden Zöpfe so übereinander, daß
der kleinere obenauf kommt; hierauf kneipt man die Zopfenden
fest aneinander, bestreicht den Stritzel mit Eigelb und gibt ihn
zum Bäcker, wo er noch einige Zeit gehen muß, oder man
legt ihn auf ein mit Butter bestrichenes Backblech, läßt ihn gut
gehen und bäckt ihn langsam 1¼ Stunde im Rohr. (Große Germ-
bäckereien werden im Backofen bedeutend schöner.)

169. Butter- oder feiner Hefenkranz.

25 Gramm frische Preßhefe wird mit lauer Milch, 150 Gramm
Mehl und einem Eßlöffel voll Staubzucker zu einem kleinen Teig-
dampfel angerührt und dann zugedeckt gehen gelassen. Ist der
Teig gegangen, so schlägt man 1 ganzes Ei und 3 Dotter daran,
gibt eine Prise Salz dazu, das Gelb von einer Citrone, sowie
ein Stück Butter von der Größe eines Eies, das man in lauer
Milch zerschleichen läßt, und arbeitet mit dem Kochlöffel den
Teig gut glatt; ist er zu weich, so streue man ein wenig laues
Mehl darein, arbeite es gut in den Teig und lasse ihn bedeckt
gehen. Inzwischen werden 250 Gramm Butter, die gut ausgewaschen und trocken sein muß, mit möglichst wenig Mehl
dünn ausgerollt und kalt gestellt. Der zuerst angemachte Hefenteig wird ausgerollt, die kalte ausgekretete Butter daraufgelegt, der Germteig übergeschlagen und so viermal immer von
einer anderen Seite fest gerollt, bis sich die Butter ganz mit dem
anderen Teig verbunden hat; dann läßt man den Teig 1 Stunde
ruhen. Nach dieser Zeit wird der Teig wieder übergelegt und
dreimal mit dem Rollholz geschlagen, sodann etwas ruhen gelassen,
in drei Stücke getheilt, davon werden gleich lange und gleich dicke
Strähne gerollt, in die man beim Rollen gereinigte Sultaninen
und Weinbeeren nebst feingehackten, candirten Orangenschalen ein-
arbeitet; die Strähne werden zu einem Kranz geflochten, die Enden
gut verbunden und der Kranz auf ein mit Butter bestrichenes
Blech gelegt, sodann mit Eigelb überstrichen, mit geschälten feingeschnittenen Mandeln übersät und bei guter Hitze gebacken; zum
Schluß wird er mit Wassereis überzogen.

Bemerkung. Aus diesem Teig lassen sich beliebige kleinere Thee- und Kaffee-
bäckereien machen, als Bärentatzen, Schnecken, Kipfeln (Hörnchen), Bretzen,
Schlingen ic.

170. Gefüllte Buchte.

Man macht einen feinen Germteig, wie in Nr. 169 und 171,
und läßt ihn ruhen. Inzwischen wird Mohn gerieben, mit Milch
übergossen und nachdem man einige Stückchen Zucker dareingegeben, auf der Ofenplatte etwas abgedünstet; sodann werden
1 Eßlöffel Zimmtpulver nebst einer Hand voll gehackter, geschälter
süßer Mandeln dareingemischt, worauf Alles gut verrührt wird.
Der Hefenteig wird ausgerollt, die Fülle gleichmäßig aufgetragen,
dann der Teig eingerollt und in eine Schnecke gedreht, in eine

mit Butter ausgestrichene runde Form gehoben, gehen gelassen und bei guter Hitze gebacken, sodann reichlich mit Vanille-Zucker bestreut.

171. Steirische Nuß-„Potißen“.

140 Gramm süße Butter werden mit 6 Eidottern schaumig gerührt, der Schnee von 2 Eiweiß, 3 Eßlöffel in lauer Milch gut aufgelöste Preßhefe, 60 Gramm Staubzucker, eine Prise Salz und das Gelb einer halben Citrone beigemengt; dann siebt man nach und nach laues Mehl in den Abtrieb, rührt es gut ein, bis es einen dicklichen Teig gibt und schlägt diesen mit einem Kochlöffel, bis er Blasen macht. Nun wird ein reines Tuch mit Mehl bestreut, der Teig darauf fingerdick ausgerollt, mit Butter überpinselt und mit Nußfülle gleichmäßig bestrichen, sodann eingerollt und in einer ausgestrichenen Backform gebacken.

Nußfülle hiezu: 80 Gramm welsche Nußkerne, 100 Gramm geschälte süße Mandeln werden mit Milch im Mörser feingestoßen, der Brei mit Honig oder Läuterzucker dünn gerührt und einige Eßlöffel feine Brösel, sowie 1 Eidotter nebst einem Kaffeelöffel voll gestoßenen Zimmts dazugemischt. Die Masse muß sehr gut vermengt werden.

172. Rollirter Gugelhupf.

1 Liter feinstes Mehl wird gesiebt in eine Schüssel gegeben, eine kleine Grube in das Mehl gemacht und für einige Pfennige gute Preßhefe in lauer Milch aufgelöst, dazugegeben und zum Hebel angesetzt. Mittlerweile werden 105 Gramm Butter, 80 Gramm Schmalz schaumig abgetrieben, nach und nach 5 Eier dazugerührt, ein Eßlöffel voll Staubzucker, etwas Salz beigemengt und mit noch etwas lauer Milch gut verrührt, bis der Teig die nötige Festigkeit hat; ist er zu weich, so staube man ein wenig Mehl nach; dann schlägt man den Teig fest ab, bestreut eine Serviette mit Mehl und rollt darauf den Teig gleichmäßig aus, indem man ihn mit zerschlichener Butter bestreicht. Schließlich streut man gereinigte Rosinen, Weinbeeren und Staubzucker mit Zimmt vermischt darüber, rollt die Teigmasse dann zusammen und hebt sie in eine mit Butter ausgestrichene, mit Bröseln ausgestreute Gugelhupf- oder auch Ringform, läßt den Teig gehen und bäckt ihn bei guter Hitze braun.

173. Abgetriebener Gugelhupf.

100 Gramm Butter und 100 Gramm Schmalz werden gut ab-
getrieben und nach und nach 8 Eidotter dazugerührt, sowie das
Gelb von einer Citrone dazugerieben; ferner werden noch 60 Gramm
Staubzucker in die Masse gesiebt und 35 Gramm in lauer Milch
aufgelöste Preßhefe, eine Prise Salz und eine Tasse gute laue
Milch beigemengt; zuletzt siebt man nach und nach 280 Gramm
feines Mehl in die Masse, verrührt sie gut damit, bestreicht eine
Form mit Butter, bestreut sie mit feingeschnittenen abgezogenen
Mandeln, gibt die Teigmasse darein und läßt sie mit einem Tuche
bedeckt aufgehen, alsdann bäckt man den Gugelhupf sehr langsam
im Rohr, stürzt ihn und überstreut ihn reichlich mit Vanille-
zucker. Nach Belieben kann man etwas Citronat, Sultaninen und
Corinthen in den Teig geben.

174. Theekuchen.

Anderthalb Liter Milch wird mit 220 Gramm feinem
Weizengries zu einem dicken Brei gekocht, der in einer Schüssel
zum Erkalten ausgebreitet wird. 220 Gramm süße Mandeln und
6 Stück bittere Mandeln werden gebrüht, abgezogen, mit Orangen-
blüthen oder Rosenwasser feingestoßen und in den Griesbrei gemischt, dann rührt man nach und nach 6 Eidotter und 2 ganze
Eier und eine Prise Salz in die Masse, siebt 280 Gramm Zucker
darauf, gibt 20 Gramm gereinigte Sultaninen, 120 Gramm Weinbeeren und den steifen Schnee von sieben Eiweiß dazu, vermischt
die Masse sehr gut, streicht dieselbe auf eine mit Blätter- oder
mürbem Teig ausgelegte Backform (Blech) und bäckt den Kuchen
fast eine Stunde lang im Rohr, worauf man ihn mit Vanille-
zucker bestreut.

175. Norddeutscher Butterkuchen.

700 Gramm feines Mehl, 40 Gramm in Milch aufgelöste
Preßhefe, 3 Eier, 140 Gramm zerschlichene Butter und ein Viertelliter laue Milch werden zu einem Teig angemacht und gut durch-
gearbeitet, dann 40 Minuten an einem warmen Platze gehen gelassen.
Der gegangene Teig wird kleinfingerdick ausgerollt, mit Honig bestrichen oder mit Zucker dicht übersiebt, dann werden 60 Gramm feingehacktes Citronat, ebensoviel verzuckerte Orangenschalen, 2 Eßlöffel

voll Zimmtpulver und 250 Gramm in kleine Flöckchen zerpflückte
Butter darüber gestreut; der Kuchen wird ausgerollt, in eine gut
mit Butter ausgestrichene Bratenreine gelegt und mit Eigelb be=
strichen sehr langsam gebacken.

176. Deutscher Stollen.

Hiezu nimmt man 1¼ Kilo feines Mehl, ein Viertelliter
laue Milch, 60 Gramm aufgelöste Preßhefe, 9 Eier, 180 Gramm
zerschlichene laue Butter, eine Messerspitze gepulverte Muskatblüthe,
das abgeriebene Gelb von einer ganzen Citrone, ein Theelöffelchen
Salz, 135 Gramm Staubzucker, 200 Gramm gereinigte Rosinen,
120 Gramm Weinbeeren, 75 Gramm Cibeben, 40 Gramm ge=
hacktes Citronat und 150 Gramm Staubzucker. Dies Alles wird
zu einem glatten Teig angemacht, eine große Stolle davon ge=
formt, die man 3—4 Stunden an einem warmen Platze aufgehen
läßt. Diese Stolle wird am besten im Backofen oder auf einem
mit Butter beschmierten Backblech gebacken; noch heiß, wird sie dick
mit feingestoßenem Zucker, mit Vanille= oder Zimmtzucker bestreut,
nachdem man sie vorher mit einem in heißer Butter genetzten
Pinsel überstrichen hat; nach Belieben kann man den Stollen auch
mit Eigelb vor dem Backen überstreichen, mit grobem Zucker und
feingestiftelten Mandeln übersäen.

177. Deutsche Golatschen.

Drei viertel Kilo feinstes, gesiebtes Mehl nebst 70 Gramm
süße Butter, die man in Stückchen schneidet, werden auf einen Back=
tisch gegeben und mit dem Messer nach und nach 8 Eidotter und
30 Gramm gut aufgelöste Preßhefe in das Mehl eingearbeitet,
sodann werden 3 Eßlöffel voll feiner Staubzucker, eine Prise
Salz, eine Messerspitze voll gestoßene Muskatblüthe oder statt dieser
das abgeriebene Gelb von einer halben Citrone und ebensoviel
ganz laue süße Milch dazugegeben, bis sich ein geschmeidiger,
leichtzügiger Teig davon machen läßt, den man mit beiden Händen
recht zart abarbeitet und mit einem Tuche bedeckt ruhen und auf=
gehen läßt. Inzwischen wird ½ Kilogramm frische Butter gut
in kaltem Wasser ausgeknetet, bis sie ganz trocken ist; der Butter=
fleck wird mit Mehl überstreut, mit dem Rollholz gleichmäßig
auseinandergedrückt und an einen kalten Platz gebracht, damit die
Butter steif wird. Ist der erst angemachte Teig gegangen, so

rollt man diesen kleinfingerdick aus nebst der kalten Butter, die
daraufgelegt wird, legt das Teigblatt dreifach, das ist zuerst auf
ein Drittel zusammen, schlägt den dritten Theil darüber und rollt
den Teig von der entgegengesetzten Seite aus, legt ihn sodann noch=
mals zusammen und wiederholt das Ausrollen von der entgegen=
gesetzten Seite; hierauf schneidet man aus dem Teigblatt beliebig
große Vierecke, füllt jede Mitte eines solchen Vierecks mit etwas
Confiture oder Fülle aus Mohn, Käse, Nüssen ꝛc., legt die vier
Teigspitzen zusammen und drückt sie aneinander fest. Die Golatschen
bringt man hierauf auf Backbleche, bestreicht sie auf der Oberseite
mit verklopftem Ei, streut Grobzucker und feingestiftelte, geschälte
Mandeln darüber, läßt sie noch ³/₄ Stunden aufgehen und bäckt
sie dann schön gelb.

178. Feine böhmische Golatschen.

140 Gramm Rinds= oder Schweineschmalz werden mit
140 Gramm guter Butter abgetrieben, das Gelb einer halben
Citrone, 20 Gramm Staubzucker, eine Prise Salz, sowie 30 Gramm
aufgelöste Preßhefe werden dazugerührt, dann siebt man nach
und nach ¹/₂ Kilo feines Mehl in den Abtrieb, rührt jedoch etwas
kalte Milch inzwischen dazu, so daß etwa ¹/₂ Tasse oder ¹/₈ Liter
Milch verwendet wird; die Masse muß sehr gut mit dem Kochlöffel
abgerührt werden, worauf man die Schüssel mit einem Tuche be=
deckt und 20—25 Minuten gehen läßt. Ein Backblech wird mit
weißem Papier ausgelegt und dasselbe mit Butter bestrichen. Mit
einem Eßlöffel werden kleine runde Bällchen in kleinen Zwischen=
räumen auf das Papier gesetzt. In jedes Bällchen wird eine kleine
Vertiefung gemacht, etwas Confiture dareingegeben und der Teig
durch Aneinanderdrücken wieder geschlossen; die Golatschen werden
sodann mit steifem Zuckerschnee bedeckt und lichtgelb gebacken.

179. Pfälzer Sträußel- oder Jausen=Kuchen.

¹/₄ Liter feines Mehl wird in eine Schüssel gesiebt und in
¹/₃ Liter laue Milch werden 120 Gramm süße Butter gegeben,
ferner 2 Dotter und ein ganzes Ei, nebst 35 Gramm gut auf=
gelöster Preßhefe, sowie das abgeriebene Gelb von einer halben
Citrone, 1 Eßlöffel Staubzucker und eine Prise Salz. Dies Alles
wird gut abgesprudelt, langsam in das Mehl eingerührt, gut ab=
gearbeitet und dann gehen gelassen; hierauf wird ein großes läng

lich=viereckiges Backblech gut mit Butter bestrichen, der Teig daumen=
dick ausgerollt und ein Stück in der Größe des Bleches daraufgelegt;
von dem noch übrigen Teig wird ein dünner Strang gerollt, rings
um den Kuchen als Rand aufgesetzt und dieser mit Eigelb über=
strichen. Nun arbeitet man 105 Gramm gute Butter mit 140 Gramm
feinem Mehl und 70 Gramm gestoßenem Zucker gut ab, streut
diese Bröseln (Sträußel= oder Streubrühe) innen dick über den
Kuchen, läßt diesen noch einige Zeit aufgehen und bäckt ihn
schön gelb.

180. Osterfleck (=Laibel, =Fladen, =Kuchen).

1 Kilo feines Mehl wird leicht erwärmt, 1 Liter süße Milch
lauwarm gemacht, 350 Gramm Butter werden in kleine Fleckchen
geschnitten, dann 4 Dotter und 2 ganze Eier, ½ Eßlöffel voll
Staubzucker, das Gelb von einer halben Citrone und 70 Gramm
gut in Milch aufgelöste Preßhefe dazugegeben. Alles wird gut ab=
gesprudelt in das Mehl langsam eingerührt und der Teig solange
mit dem Rührlöffel abgearbeitet, bis er große Blasen macht, worauf
man ihn zugedeckt gehen läßt. Ist er gegangen, so streut man
auf den Teig etwas Salz und mischt eine Hand voll gereinigte
Rosinen, eine Hand voll geschnittenes Citronat und Aranzini dazu.
Hierauf macht man den Teig zusammen, setzt von diesem 2 bis
3 gleichgroße Laibe auf gestrichene Backbleche und läßt sie mit
einem Tuche bedeckt aufgehen; dann überstreicht man sie mit Eigelb,
streut reichlich Staubzucker und feingestiftelte, geschälte süße Mandeln
darauf und bäckt die Osterkuchen sehr langsam schön gelb.